精神的三间小屋

毕淑敏　著

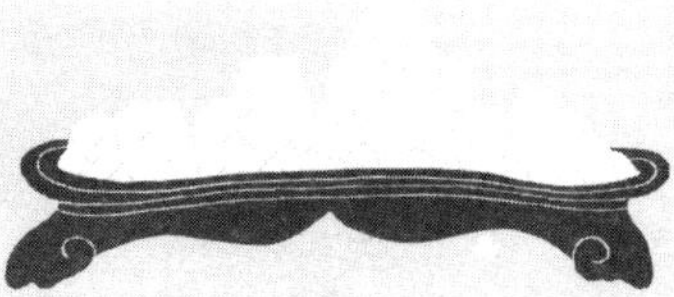

漓江出版社

图书在版编目(CIP)数据

精神的三间小屋 / 毕淑敏著. —
桂林：漓江出版社, 2017.10（2018.4重印）
ISBN 978-7-5407-8317-4
Ⅰ.①精… Ⅱ.①毕… Ⅲ.①散文集－中国－当代
Ⅳ.①I267
中国版本图书馆CIP数据核字(2017)第245874号

JINGSHEN DE SAN JIAN XIAOWU
精神的三间小屋
毕淑敏 著

策划组稿：文龙玉
责任编辑：章勤璐
助理编辑：程飞
书籍设计：石绍康
责任监印：周萍

出版人：刘迪才
漓江出版社有限公司出版发行
社址：广西桂林市南环路22号
邮编：541002
发行电话：0773-2583322　010-85893190
传真：0773-2582200　010-85890870-614
电子信箱：ljcbs@163.com
网址：http://www.lijiangbook.com
印制：三河市西华印务有限公司
开本：787×1092　1/32
印张：7.5
字数：130千字
版次：2017年10月第1版
印次：2018年4月第2次印刷
书号：ISBN 978-7-5407-8317-4
定价：45.00元

目　录

第一辑　精神的三间小屋

第二辑　分泌幸福的“内啡肽”

第三辑　风不能把阳光打败

第一辑

精神的三间小屋

精神的三间小屋

面对那句——人的心灵，应该比大地、海洋和天空都更为博大的名言，自惭形秽。我们难以拥有那样雄浑的襟怀，不知累积至那种广袤，需如何积攒每一粒泥土，每一朵浪花，每一朵云霓。

甚至那句恨不能人人皆知的中国古话——宰相肚里能撑船，也让我们在敬仰之余，不知所措。也许因为我们不过是小小的草民，即便怀有效仿的渴望，也终是可望而不可即，便以位卑宽宥了自己。

两句关于人的心灵的描述，不约而同地使用了空间的概念。人的肢体活动，需要空间。人的心灵活动，也需要空间。那容心之所，该有怎样的面积和布置?

人们常常说，安居才能乐业。如今的城里人一见面，就问，你是住两居室还是三居室啊? ……喔，两居室窄巴点，三居室虽说也不富余，也算小康了。

身体活动的空间是可以计量的，心灵活动的疆域，是否也可有个基本达标的数值？

有一颗大心，才盛得下喜怒，输得出力量。于是，宜选月冷风清竹木萧萧之处，为自己的精神修建三间小屋。

第一间，盛着我们的爱和恨。对父母的尊爱，对伴侣的情爱，对子女的疼爱，对朋友的关爱，对万物的慈爱，对生命的珍爱……对丑恶的仇恨，对污浊的厌烦，对虚伪的憎恶，对卑劣的蔑视……这些复杂而对立的情感，林林总总，会将这间小屋挤得满满，间不容发。你的一生，经历过的所有悲欢离合喜怒哀乐，仿佛以木石制作的古老乐器，铺陈在精神小屋的几案上，一任岁月飘逝。在某一个金戈铁马之夜，它们会无师自通，与天地呼应，铮铮作响。假若爱比恨多，小屋就光明温暖，像一座金色池塘，有红色的鲤鱼游弋，那是你的大福气。假如恨比爱多，小屋就阴风惨惨，厉鬼出没，你的精神悲戚压抑，形销骨立。如果想重温祥和，就得净手焚香，洒扫庭除。销毁你的精神垃圾，重塑你的精神天花板，让一束圣洁的阳光，从天窗洒入。

无论一生遭受多少困厄欺诈，请依然相信人类的光明大于暗影。哪怕是只多一个百分点呢，也是希望永恒在前。所以，在布置我们的精神空间时，给爱留下足够的容量。

第二间小屋，盛放我们的事业。

一个人从 25 岁开始做工，直到 60 岁退休，他要在工作岗位上度过整整 35 年的时光。按一日工作 8 小时，一周工作 5 天，每年就要为你的职业付出 2000 个小时。倘若一直干到退休，那就是 70000 个小时。在这个庞大的数字面前，相信大多数人都会始于惊骇终于沉思。假如你所从事的工作，是你的爱好，这 7 万个小时，将是怎样快活和充满创意的时光！假如你不喜欢它，漫长的 7 万个小时，足以让花容磨损日月无光，每一天都如同穿着淋湿的衬衣，如芒在背。

我不晓得一下子就找对了行业的人，能占多大比例。从大多数人谈到工作时乏味麻木的表情推算，估计这样的幸运儿不多。不要小觑了事业对精神的濡养或反之的腐蚀作用，它以深远的力度和广度，挟持着我们的精神，以成为它麾下持久的人质。

适合你的事业，不靠天赐，主要靠自我寻找。这不但是因为相宜的事业，并非像雨后白桦林的菌子一样，俯拾即是，而且因为我们对自身的认识，也是抽丝剥茧，需要水落石出的流程。你很难预知，将在 18 岁还是 40 岁甚至更沧桑的时分，才真正触摸到倾心的爱好。当我们太年轻的时候，因为尚无法真正独立，受种种条件的制约，那附着在事业外壳上的金钱地位，或是其他显赫的光环，也许会灼晃了我们的眼睛。当我们有了足够的定力，将事业之外的赘生物一一剥除，露出它单纯可爱的本质时，可能已耗费半生。然费时弥久，精神的小屋，也定需住进你所爱好的事业。否则，鸠占鹊巢，李代桃僵，那屋内必是鸡飞狗跳，不得安宁。

我们的事业，是我们的田野。我们背负着它，播种着，耕耘着，收获着，欣喜地走向生命的远方。规划自己的事业生涯，使事业和人生，呈现缤纷和谐相得益彰的局面，是第二间精神小屋坚固优雅的要诀。

第三间，安放我们自身。

这好像是一个怪异的说法。我们自己的精神住所，不住着自己，又住着谁呢?

可它又确是我们常常犯下的重大失误——在我们的小屋里，住着所有我们认识的人，唯独没有我们自己。我们把自己的头脑，变成他人思想汽车驰骋的高速公路，却不给自己的思维，留下一条细细羊肠小道。我们把自己的头脑，变成搜罗最新信息网络八面来风的集装箱，却不给自己的发现，留下一个小小的储藏盒。我们说出的话，无论声音多么嘹亮，都是别的喉咙嘟囔过的。我们发表的意见，无论多么周全，都是别的手指圈画过的。我们把世界万物保管得好好，偏偏弄丢了开启自己的钥匙。在自己独居的房屋里，找不到自己曾经生存的证据。

如果真是那样，我们精神的小屋，不必等待地震和潮汐，在微风中就悄无声息地坍塌了。它纸糊的墙壁化为灰烬，白雪的顶棚变作泥泞，露水的地面成了沼泽，江米纸的窗棂破裂，露出惨淡而真实的世界。你的精神，孤独地在风雨中飘零。

三间小屋，说大不大，说小不小。非常世界，建立精神的栖息地，是智慧生灵的义务，每人都有如此的权利。我们可以不美丽，但我们健康。我们可以不伟大，但我们庄严。我们可以不完满，但我们努力。我们可以不永恒，但我们真诚。

当我们把自己的精神小屋建筑得美观结实，储物丰富之后，不妨扩大疆域，增修新舍。矗立我们的精神大厦，开拓我们的精神旷野。因为，精神的宇宙，是如此的辽阔啊。

九芒星的钥匙

有一个古老的传说，在宇宙中有一颗闪着九束霞光的星辰，叫作九芒星。九芒星是天堂的所在，人类如果最后抵达了那里，就会健康快乐，充满力量。九芒星有一枚钥匙，当众神缔造完了人类的那天傍晚，他们聚在一起，商量这把伟大的钥匙，究竟藏在哪里呢？既不能让人类很轻易地找到，也不能让人类总也找不到，浸泡于痛苦之中。

争论半天。有的说，把九芒星的钥匙扔入大海之峡，有的说，埋在雪山之巅，有的说，干脆裹进太阳的肚子里……但众神一想，这些地方随着人类的科技发达，总是可以找到的。讨论了很久，最后众神统一了意见，把九芒星的钥匙种在一个最好找又最不好找的地方，那就是——人类的心田。

众神很得意。这个地方，人类在最初的时候，是绝对想不起去寻找的。当他们搜遍天空海洋的每一朵云彩和每一粒水珠，踩踏了地球上每一寸土地，还未曾找到天堂的钥匙的时候，也许他们会惆怅而思索地低下头来，察看自己的内心吧。

在每个人的星空，都有一颗九芒星。在每一颗九芒星的上面，都建有一座快乐的天堂。在每一座天堂的墙壁上，都镶着一扇需要打开的门。在每个人的心中，都藏着一枚九芒星的钥匙。

寻找你的九芒星钥匙吧。找到了，快乐和力量就像瀑布，从此充满了你的血脉。

蝴蝶盾

江南。雨雪迷蒙的早春。傍晚。小城。远远的红灯。

我离开寄住的招待所，好奇地向那盏红灯走去。几晚了，从窗口望见它，如一颗椭圆形的红蚕豆，在江南嫩绿的空气中孤悬。尤为奇怪的是，灯火下飘着一些斑驳的影子，若彩色的巨蚊，翩翩翻转，又不曾片刻飞离。

近了，看到一个细弱的小伙子，蹲在灯下，用剪刀劈开粉色的绸带，三缠两绕的，一朵小小的莲花，就在指尖亭亭玉立地绽开了，好像他的手，是埋在池塘里的一段藕。

再看蚊形巨影，不禁哑然失笑。那是小伙子用各色绸带编织的小物件，翡翠色的螳螂，巧克力色的蚂蚱，橘红色的龟，冰蓝的玫瑰等，一律以丝线穿了，吊在灯下的铁丝上。这些美丽的幌子，随每一阵微风，幽灵般起舞。破碎的雨滴，洒在它们的翅膀、脊背和花瓣上，像抹了露水似的，彩亮动人。

我说，卖的吗？

他抬起头。一双被夜熬红的眼。

卖的啊。买一只吧。多好看啊。除了挂着的这些，我还会编好多别样的。天上飞的，地上跑的，只要你叫得出名，我都编得来。

他望着我，很快地说。手不停操作，盲人按摩师一般娴熟。

我本打算看了端的就走的，这下反不好意思，想了想说，编一只凤凰吧。

不知为什么，他却踌躇了。好在只是片刻间的犹豫，马上接了问，什么色呢？

红的吧。我说，想起涅槃，火和再生什么的。

红的不好看，像烧鸡。他很坚决地否定，并不怕因此驱走了顾客。

青色吧。青鸟，很吉祥的。他权威地决定，不待我表态，十指翻飞地操作起来。

先是裁绸带。烧饼大的绸带卷，在小伙子手中无声地流淌着，渐渐缩小如贝。啊啊，一只凤凰要用这么长的距离啊！我惊讶着，嘴边不敢动静，怕惊动了他手心渐渐成形的生命。

十分钟后，一只蟹青色凤凰诞生了。骨架很魁梧，尾羽却不够丰满，嶙峋模样，令人忆起乌鸦。

我付了钱，然后说，小伙子，可惜没我想象得好。

他收拾着残屑很镇定地说，那你再买一只别的吧。凤凰不容易讨好，世上本没有的东西，每人心底想的都不一样。实实在在的，比较好办。

我说，那好，这回我改要蝴蝶。

他突然愣了，问，你是从外地来的吧？

我说，是啊。

他说，此地人都知道，我是不编蝴蝶的。

我纳闷，说，蝴蝶很难吗？我看比蜻蜓和猫什么的，容易多了。你刚才还天上地上地夸口呢。

已经入夜了，周围很寂静，没有主顾。薄薄的雾丝掠过灯笼的红光，像拭不净的血色玛瑙。那些悬挂着的绸制精灵，突然在某个瞬间一齐停止摆动，好像被符咒镇住了，不动声色地倾听。

他接着问，你是马上就要离开吗？

我说，明天一大早。

他下了很大决心似的，说，破一次例，卖你一只蝴蝶吧。

他也不再征询我对颜色的意见，思索着，径直施工。绸带卷沙沙滚动着，用料之多之杂，几乎够编一头斑斓猛虎。

他边编边说，家乡多棕榈，人人都会用叶编些好玩的东西。后来到外闯荡，人小力单，总也挣不到钱。突然看到城里人用作捆扎礼品的绸带，和棕榈叶差不多，就琢磨用它编物件。绸带软滑，很多编法都需另创。优点是颜色多，耐保存。如今现代人喜欢手工制品，他走南闯北，生意不错。

常想，全中国编这东西的，就我一个人吧？也许，该到北京申请个专利？

小伙子结束谈话的同时，完成的蝴蝶也递到我手里。

这是我生平所见最为精致的编制物，身肢纤巧，探须抖颤，好像刚从卷心菜畦受惊起飞。翅膀色彩鬼魅般绮丽，镶有漆墨般的黑点，如同一排豹睛，若有所思地注视着孤寂清冷的世界。

我失声道，这么艳的蝴蝶，能抵十只凤凰！

小伙子诡谲一笑，说，它的价钱比这要贵得多。

我吓一跳，忙说，啊呀，那我就买不起了。

小伙子忙解释，收您的，不会那么多，与凤凰同价。

我定下心，又问，那你为什么不多编些蝴蝶？

他说，多了，就不值钱了。三月前，我刚到这里，原想住住就走的。此地不大，喜欢小玩意的人必也有限，打一枪就转移，流动作业呗。记得也是这时分，来了一个男人，两天前，他买过我的货。这趟劈头问，你能编多少种蝴蝶？我说，没算过，大约……总有……几十种吧。

他说，我用大价钱收你的蝴蝶。条件是，蝴蝶不得重样，不许给别人编，每日一只，一共百天。

我就在这儿住下了。除了摆摊，就是每天早上供应那男人一只蝴蝶。刚开始并不难，照我以前编过的花样，做给他就可交差。一月之后，渐渐有些吃力了。日日都要设计出新图谱，夜里想得脑仁开锅。我用各种颜色的绸带搭配翅膀，镶上奇异的条纹和斑点。在身躯和蝶须上大变花样……有时真恨蝴蝶为什么没有八只翅膀四条须，那么做文章的篇幅可翻多一倍。终于有一天，我对他说，老板，我不想再给你一个人编蝴蝶了，我要走了。男人落下泪来，说他在苦苦追求一个女孩，每天都给她送花。女孩刚开始连看都不看，就把花抛掉。后来他偶然附了一只从我这里买的蝴蝶，没想到那女孩就收下了花。为了每天得到一只奇异的蝴蝶，女孩一直同他交往，并说如果能集到 100 只不重样的蝴蝶，就答应嫁他。男人说完，又把蝴蝶的价码加倍，并许事成之后，给我更多的钱。他说，蝴蝶就是老婆，千万别让她飞了。

我又留下来了。到今天为止，共编了 89 只蝴蝶，还有 11 只就满百数之约。每当我煎熬心血编出一只前所未有的蝴蝶时，总在想，那个得到这只蝴蝶的女孩，究竟是谁？长什么样？她若真是喜欢我的蝴蝶，在有月亮的晚上细细端详，也许能猜破我编进蝴蝶翅膀花纹中的心思。

我想问她，她爱的究竟是人还是蝴蝶？为什么女人总想用某种东西，考验男人？还要把自己一生的幸福，寄托在一个没头脑的死物件上呢？即使那样东西再宝贵，再难寻找，某个男人费尽心机为你找到了它，就是爱情了吗？要知道，你不是同蝴蝶过日子，而是同一个活人，相伴走过一生啊。

也许，我会在编满100只蝴蝶之前，突然逃离这里。我还有10天的时间，可以来琢磨这事。如果那女孩真的爱他，即使攒不到百只蝴蝶，她也会欢喜地嫁他吧？如果蝴蝶一旦没有了，女孩醒了，重新考虑自己的决定，是不是更好？我给了她一个妥善脱身的借口。

一阵夹杂雪粒的风吹来，悬挂着的彩色精灵，互相碰撞着跳起舞。我把手中纤巧的编制物，很仔细地包好，对他说，放心吧。在我没离开小城之前，不会有人看到蝴蝶。

道了别，缓缓离开。很远了，稀薄的空气还充满着淡淡的红光，从背后的方向绕过我的衣角，涌进无边的雾丝。

斜　视

没考上大学，我上了一所自费的医科学校。开学不久，我就厌倦了。我是因为喜欢白色才学医的，但医学知识十分枯燥。拿了父母的血汗钱来读书，心里总有沉重的负疚感，加上走读路途遥远，每天萎靡不振的。

“今天我们来讲眼睛……”新来的教授在讲台上说。

这很像是文学讲座的开头。但身穿雪白工作服的教授随之拿出一枚茶杯大的牛眼睛，解剖给我们看，郑重地说：“这是我托人一大早从南郊买到的。你们将来做医生，一要有人道之心，二不可纸上谈兵。”随手尽情展示那个血淋淋的球体，好像那是个成熟的红苹果。

给我们讲课的老师都是医院里著名的医生。俗话说山不在高，有仙则灵。但教授演示到我跟前时，我故意眯起眼睛。我没法容忍心灵的窗口被糟蹋成这副模样。从栅栏似的睫毛缝里，我看到教授质地优良的西服袖口沾了一滴牛血，他的头发像南海观音的拂尘一般雪白。

下了课，我急急忙忙往家赶。换车的时候，我突然发现前面有一丛飘拂的白发。是眼科教授！我本该马上过去打招呼的，但我是个内心孤独羞涩的女孩。我想只上过一次课的教授不一定认识我，还是回避一点吧。

没想到教授乘车的路线和我一样。只是他家距离公共汽车站很远，恰要绕过我家住的机关大院。

教授离了讲台，就是一个平凡的老头。他疲惫地倚着座椅扶手，再没有课堂上的潇洒。

我心想他干脆变得更老些，就会有人给他让座了。又恨自己不是膀大腰圆，没法给老师抢个座。

终于有一天，我在下车的时候对教授说："您从我们院子走吧，要近不少路呢。"

教授果然不认识我，说："喔，你是我的病人吗？"

我说："您刚给我们讲过课。"

教授歉意地笑笑："学生和病人太多了，记不清了。"

"那个院子有人看门。让随便走吗？倒真是节约不少时间呢。"教授看着大门，思忖着说。

"卖鸡蛋的，收缝纫机的小贩，都所向无敌。您跟着我走吧。我们院里还有一座绿色的花园。"我拉着教授。

"绿色对眼睛最好了。"教授说着跟我走进大院。

一个织毛衣的老女人在看守着大门。我和教授谈论着花和草经过她的身边。我突然像被黄蜂叮了一下——那个老女人也斜着眼在剜我们。

她的丈夫早就去世了，每天斜着眼睛观察别人，就是她最大的乐趣。

从此，我和教授常常经过花园。

一天，妈妈对我说：“听说你天天跟一个老头子成双成对地出入？”

我说：“他是教授！出了我们大院的后门就是他的家。那是顺路。”

妈妈说：“听说你们在花园谈到很晚？”

“我们看一会儿绿色。最多就是一场眼睛保健操的工夫……”我气愤地分辩，不是为了自己，而是为了教授。

妈妈叹了一口气说：“妈妈相信你，可别人有闲话。”我大叫：“什么别人?！不就是那个斜眼的老女人嘛！我但愿她的眼睛瞎掉！”

不管怎么说，妈妈不让我再与教授同行。怎么对教授讲呢？我只好原原本本和盘托出。“那个老女人，眼斜心不正，简直是个克格勃！”我义愤填膺。

教授注视着我，遗憾地说：“我怎么没有早注意到有这样一双眼睛？”他忧郁地不再说什么。

下课以后，我撒腿就跑，竭力避开教授。不巧，车很长时间才来一趟，像拦洪坝，把大家蓄到一处。走到大院门口，教授赶到我面前，说：“我今天还要从这里走。”

知识分子的牛脾气犯了。可我有什么权利阻止教授的行动路线？“您要走就走吧。”我只有加快脚步，与教授分道扬镳。我已看见那个老女人缠着永远没有尽头的黑毛线球，阴险地注视着我们。

“我需要你同我一起走。”教授很恳切很坚决地说。作为学生，我没有理由拒绝。

我同教授走进大院。我感到不是有一双而是有几双眼睛乜斜着我们。斜眼一定是种烈性传染病。

“你明确给我指一指具体是哪个人。”教授很执着地要求。

我吓了一跳，后悔不该把底兜给教授。现在教授要打抱不平。

“算了！算了！您老人家别生气，今后不理她就是了！”我忙着劝阻。

“这种事，怎么能随随便便就放过去了呢？”教授坚定不移。

我无计可施。我为什么要为了这个斜眼的女人，得罪了我的教授？况且我从心里讨嫌这种人。我伸长手指着说：“就是那个缠黑线团的女人。”

教授点点白发苍苍的头颅，大踏步地走过去。“请问，是您经常看到我和我的学生经过这里吗？”教授很客气地发问，眼睛却激光般锐利地扫描着老女人的脸。

在老女人的生涯里，大概很少有人光明正大地来叫阵。她乜斜的眼光抖动着，“其实我……我……也没说什么……”

教授又跨前一步，几乎凑近老女人的鼻梁。女人手中的毛线球滚落到地上。

文质彬彬的教授难道要武斗吗？我急得不知如何是好。这时听见教授一字一顿地说：“你有病。”

在北京话里，有病是个专用语汇，特指有精神病。

“你才有病呢！”那老女人突然猖狂起来。饶舌人被抓住的伎俩就是先装死，后反扑。

“是啊。我是有病。心脏和关节都不好。”教授完全听不出人家的恶毒，温和地说，“不过我的病正在治疗，你有病自己却不知道。你的眼睛染有很严重的疾患，不抓紧治疗，不但斜视越来越严重，而且还会失明。”

“啊！”老女人哭丧着脸，有病的斜眼珠快掉到眼眶外面了。

“你可不能红嘴白牙地咒人哪！”老女人还半信半疑。

教授拿出烫金的证件，说：“我每周一在眼科医院出专家门诊。你可以来找我，我再给你做详细的检查治疗。”

我比老女人更吃惊地望着教授。还是老女人见多识广，她忙不迭地对教授说："谢谢！谢谢！"

"谢我的学生吧。是她最先发现你的眼睛有病。她以后会成为一个好医生的。"教授平静地说，他的白发在微风中拂尘般飘荡。

从乜斜的眼珠笔直地掉下一滴水。

人生有三件事不可俭省

无论世界变得如何奢华，我还是喜欢俭省。这已经变得和金钱没有很密切的关系，只是一个习惯。我这样说，实在是因为俭省的机会其实很廉价，俯拾即是遍地滋生。比如不论牙膏管子多么丰满，你只能在牙刷毛上挤出大约 1.5 到 2 厘米的膏条，而不是 1 尺长。因为你用不了那么多，你不能把自己的嘴巴变成螃蟹聚会的洞穴。再比如无论你坐拥多少橱柜的衣服，当暑气蒸人的时候，你只能穿一件纯棉的 T 恤衫。如果把貂皮大衣捂在身上，轻则长满红肿热痛的痱毒，重了就会中暑倒地一命呜呼。俭省比奢华要容易得多，是偷懒人的好伴侣——用最直截了当的方式和最小的花费直抵目标。

然而有三件事你不能俭省。

第一件事是学习。学习是需要费用的，就算圣人孔子，答疑解惑也要收干肉为礼。学习费用支出的时候，和买卖其他货物略有不同。你不知道究竟能得到多少知识，这不单决定于老师的水平，也决定于你自己的状态。这在某种情况下就有点隔山买牛的味道，甚至比股票的风险还大。谁也不能保证你在付出了学费之后一定能考上大学，你只能先期投入。机遇是牵着婚纱的小童，如果你不学习，新娘就永远不会出现在你人生的殿堂。

第二件事是旅游。每个人出生的时候都是蝌蚪，长大了都变作井底之蛙。这不是你的过错，只是你的限制，但你要想法弥补。要了解世界，必须到远方去。旅游是需要花钱的，谁都知道。旅游的好处却不是一眼就能看到的，常常需要日积月累潜移默化的蓄积。有人以为旅游只是照一些相片买一些小小的工艺品，其实不然。旅行让我们的身体感悟到不同的风和水，我们的头脑也在不同风情的滋养下变得机敏和多彩。目光因此老辣，谈吐因此谦逊。

第三件事情是锻炼身体。古代的人没有专门锻炼身体的习惯，饥一顿饱一顿全无赘肉。生存的需要逼得他们不停奔跑狩猎，闲暇的时候就装神弄鬼，在岩壁上凿画，在篝火边跳舞，都不是轻体力劳动，积攒不下多余的卡路里。社会进步了，物质丰富了，用不完的热量成了我们挥之不去的负担。于是要人为地在机器上跋涉，在充满氯气的池子里浮沉，在人造的雪花和冰面上打滚，在矫揉造作的水泥峭壁上攀爬……这真是愚蠢的奢侈啊，可我们没有办法，只有不间断地投入金钱，操练贫瘠的肌肉和骨骼，以保持最起码的力量和最基本的敏捷。

有没有省钱的方法呢？其实也是有的。把人生当作课堂，向一切人学习，就省了上学的钱。徒步到远方去，就省了旅游的钱。不用任何健身器械，就在家里踢毽子高抬腿做广播体操……就省了健身的钱。

然而，这也是破费，因为我们付出了时间。

人生的九大关系

我的一篇散文《我很重要》被收入中学语文课本中，并多次在考试卷子中出现过，关于它的中心思想、段落大意、修辞手法等技术问题，也成了若干语文老师和我探讨的题目。说实话，我对分析自己文章的内涵和技巧，噤若寒蝉。写的时候只是有感而发，完全不曾想过如何剔骨抽髓地来分析它，经常被问得张口结舌，像极了那文章本不是我所写，不知是从哪儿抄来的。

曾经接到过一位中学语文老师的信，和我商榷此文的中心思想。他的大意是说：这篇文章的主题思想本来是想说每个个体都是很重要的，但立论的方式和论据都是说我们在相互的关系中是多么重要，这就成了一个悖论。他认为：一个人，即使不在任何关系中，也是非常重要的。

我明白他的观点，但我无法想象人可以不在关系中，就如同无法想象一条活蹦乱跳的鱼可以在水之外遨游。

我们所有的人，终其一生，都是在各种各样的关系中搏杀。听一位美国心理学家讲授抑郁症的发病机理，他认为：所有的心理障碍，都是因为关系出了问题。

关系无所不在。人的关系基本上可以分为以下九类。

1. 自我：这比较好理解。人和自己的关系，是所有关系中最彻底最主轴的关系。

2. 父母：没有父母，就没有我们的肉身。父母和我们心灵的关系，也是无与伦比的密切。

3. 兄弟姐妹：这似乎不难理解。就算是中国现在实行独生子女政策，人也依旧会有情同手足的友人。如何看待和自己年龄相仿的同时代的人，肯定是逃不脱的重要课题。

4. 异性：哈！这个关系的重要性和复杂性不言而喻，古往今来已经谈论过太多。然而，谈论得再多，也比不上实际情况复杂。

5. 子女：和异性结为亲密关系之后，如果没有特别的措施和意外，我们就会有子女。那么，你崭新的历史篇章就掀开了。这个关系，对某些人来说，简直比数十篇学术论文还要复杂，够你一生殚精竭虑、呕心沥血的了。

6. 同侪："侪"这个字，好像有点遗老遗少的味道，现代人似乎很少用。字典上查，此字含义很简单，就是朋辈。人不可能没有朋友，做任何事，都要学会团结，都要学会合作，和自己的同辈人团结，应该是人生的必修课，要学会游刃有余地处理这档关系。

7.大自然：哦，这个关系的重要性，就不用我啰嗦了。要是处理不好，付出的代价就是像恐龙一样灭绝（当然，恐龙灭绝的责任，不由它们自己来负）。

8.死亡：和死亡的关系，是所有关系里最确定无疑的，谁也躲不掉，无论逃到哪里，如何乔装打扮，死亡最后都会不动声色地把你捉拿归案。既然迟早一定要见面，处理好这个关系，你就能更好地享受生活。处理不好，死亡以不速之客的身份，猝不及防地来访，你堵着门不让他进来，他也一定会神通广大地破门而入。那时，没准备好的人会惊慌失措，会后悔还有那么多事情未完成。为了从容走完一生，这个关系是一定要处理好的。学会和未来的死亡和平共处，直到你跟着他走的那一天。

9.宇宙：人和宇宙的关系，表面上看起来，好像不如前八大关系那样和我们的日常生活密不可分，其实，不然。你每天晚上仰望星空，那就是宇宙在和你对话。宇宙是比大自然更广大的范畴，它将考验一个人对那些无比壮阔、无比悠远的时空体系的尊崇之心，它将让我们一己卑微短暂的生存和一个雄伟壮丽的体系发生连接。我们从那里来，也将回到那里去。看看宇宙，再看看自身，自豪和悲怆像豆荚中孪生的豆粒，如此新鲜多汁、浆液饱满。它看似脆弱，实际上正是对付日常琐碎事物最行之有效的金刚铠甲。

九大关系，我们若能得到及格分数，人生就安然了。

生命的借记卡

我有一个西式钱包，钱包里有很多小格子，这些格子的用途是装载各式各样的卡。我没让它们闲着，装得满满当当。我有附近多家超市的亲情卡，虽然我每次购物之后都毕恭毕敬地出示该店的卡，但一年下来累计的分数，总也到不了可以领取优惠券的地步（因为我购物不够专一，总是在各个不同的店家游荡），于是就在某一个商家规定的日子里被残忍地“归零”，一切又要重新开始。

我还有电话卡，到外地出差的时候，虽然接待方会很热情地说，房间的长途已经开通，您只管用。我还是为饭店附加在电话上的费用斤斤计较，出于为邀请方省些银两的考虑，自己到酒店大堂去打公用电话。每打一次，都有一种小小的成就感。我还有几家馆子的优惠卡，有一次拿出来结账，服务员小姐看了半天，说不认识这卡，从来没见客人使过。我说，你来这家店多久了呢？她说，一年了。我说，这卡是你们店开张的时候给的，说是永久有效呢。小姐就拿了卡去问元老，笑吟吟地回来说，你说得不错，只是连她们也没见过这种卡，一直找到老板才说确有这么回事。

啰唆了这半天，还没说到正题上。我的正题是什么呢？就是我虽然有多张看起来也是硬邦邦闪烁烁的卡，但其实那种可以透支可以境外使用的货真价实的银行卡，一张也没有。先生说过很多次了，说这是时尚，你在高档场所结账的时候，如果掏出一大把皱皱巴巴的现金，是要遭人耻笑的。我说，你也不是不知道，我平日最频繁的交易场所就是农贸市场，别说那里没有刷卡的设备，即便有了，买上一个西瓜刷一次卡，买三条黄瓜斤半草莓再刷两次卡，你觉得如何呢？

于是家人就嘲讽我近乎一个纯粹的农妇，不能在金融方面与时俱进。好在这羞惭近日得到了雪洗的机会。单位为了发放工资方便，为大家统一办理了银行借记卡。

我拿到借记卡，反复端详并仔细地阅读了有关条文，突然思绪就飞到了很远的地方。

喜欢这个“借”字。我们的一切都是借来的，总归有要还的那一天。《红楼梦》里的公子贾宝玉出生的时候，嘴里是衔了一块玉的。我们每个人出生的时候，并非是两手空空，而是捏了一本生命的借记卡。

阳世通行的银行卡分有钻石卡白金卡等等细则，生命的卡则一律平等，并不因了出身的高下和财富的多寡，就对持卡人厚此薄彼。

这张卡是风做的，是空气做的，透明、无形，却又无时无刻不在拂动着我们的羽毛。

在你的亲人还没有为你写下名字的时候，这张卡就已经毫不迟延地启动了业务。卡上存进了我们生命的总长度，它被分解成一分钟一分钟的时间，树木倾斜的阴影就是它轻轻的脚印了。

密码虽然在你的手里，但储藏在生命借记卡的这个数字，你虽是主人，却无从知道。这是一个永恒的秘密，不到借记卡归零的时候，你在混沌中。也许，它很短暂呢，幸好我不知你不知，咱们才能无忧无虑地生活着，懵然向前，支出着我们的时间，在哪一个早上那卡突然就不翼而飞，生命戛然停歇。

很多银行卡是可以透支的，甚至把透支当成一种福祉和诱饵，引领着我们超前消费，然而它也温柔地收取了不菲利息的。生命银行冷峻而傲慢，它可不搞这些花样，制度森严铁面无私。你存在账面上的数字，只会一天天一刻刻地义无反顾地减少，而绝不会增多。也许将来随着医学的进步，能把两张卡拼成一张卡，现阶段绝无可能，以后也要看生命银行的脸色，如果它太觉尊严被冒犯和亵渎，只怕也难以操作。

咱们今天就不再讨论。

也许有人会说，现在发布的生命预期表，人的寿命已经到了七八十岁的高龄，想起来，很是令人神往呢。如果把这些年头折算成分分秒秒，一年 365 天，一天 24 小时，一小时 3600 秒……按照我们能活 80 年计算，卡上的时间共计是 2522880000 秒。(没找到计算器，老眼昏花地用笔算，反复演算了几遍，应该是准确的。)

真是一个天文数字，一下子呼吸也畅快起来，腰杆子也挺起来，每个人出生的时候，都是时间的大富翁。不过，且慢。既然算账，就要考虑周全。借记卡有一个名为“缴费通”的业务，可以代缴代扣。比如手机话费、小灵通话费、宽带上网费、水电费、图文电视费……呵呵，弹指间，你的必要消费就统统交付了。

生命也是有必要消费的。就在我们这一呼一吸之间，卡上的数字就要减掉若干秒了。我们有很多必不可少的支出，你必须要优先保证。首先，令人晦气的是——我们要把借记卡上大约三分之一的数额，支付给床板。床板是个哑巴，从来不会对你大叫大喊，可它索要最急，日日不息。你当然可以欠着床板的账，它假装敦厚，不动声色。一年两年甚至十年八年，它不威逼你，是个温柔的黄世仁。它的阴险在长久的沉默之后渐渐显露，它不动声色地无声无息地报复你，让你面色干枯发摇齿动，烦躁不安歇斯底里……它会让你乖乖地把欠着它的钱加倍偿还，如果它不满意，还会把还账的你拒之门外。倘若你欠它的太多了，一怒之下，也许它会彻底撕毁了你的借记卡，纷纷扬扬飘失一地，让杨白劳就此永远躺下。所以，两害相权取其轻吧，从长远计，你切不可以慢待了床板这个索债鬼，不管它多么笑容可掬，你每天都要按时还它时间。

你还要用大约三分之一的时间来吃饭、排泄、运动、交通、打电话，接吻、示爱和做爱，到远方去旅游，听朋友讲过去的事情，当然也包括发脾气和生气，和上司吵架还有哭泣……当然你也可以将这些压缩到更少的时间，但你如果在这些方面太吝啬支出的话，你就变成了一架冰冷的机器，而不再是活生生的人。为了让我们的生命丰富多彩，这些支出你无法逃避。

当你太老的时候，或者你太小的时候，你有一些时间将不知道自己干了什么。当然，如果有另外的人清楚地记录着你的支出的话，我想那些时间应该被称为“成长”和“休养生息”。这是一些时间的黑洞，你却必不可少。就像你原来有一笔积蓄，你觉得自己很是俭省，从未乱花过一分钱，但那些钱财还是在不知不觉中流淌，让你囊中渐空。你幼小的时候不能工作和学习，这不是你的过错，只是你的过程。你年老的时候不能创造和奋斗，这也不是你的过错，而是你的必然。为了盛极时的响彻云天，蝉虫必须在泥土中蛰伏蜕变 15 年，和它相比，人类还算早熟。人类的进步带来了人类的长寿，那多积攒出来的时间，基本上都是晚年。所以，你不能埋怨。你的生命借记卡上的时间的价值并不等值，对此你只有一笑了之。

借记卡有一个功能，就是代缴各种费用。你的生命刨去了这样多的必需支出，你还剩下多少黄金时段？

如果我们能够知道自己生命中能够有效利用的时间到底有多少，我相信一半以上的人，都会活得更加精彩。因为借记卡的数字隐藏在无边的黑暗中，这就更需要我们在黑暗中坚定地摸索着前进。

你的密码只有你自己知道。不要把密码告诉陌生人，不要让他人主宰了你的生活。如果你的密码被泄漏，不要伤心，不要自暴自弃。密码是可以修改的，你可以重新夺回你对自己生命的控制权。这张借记卡，只要你自己不拱手相让，就没有任何人能把它从你手中夺走。

不要用你手中的卡，去做纯粹为了虚荣和炫耀的消费。因为那都是过眼烟云，你付出的是生命，收获的是荒凉。

不要用你手中的卡，去买你不喜欢的东西。生命是我们能够享有的唯一，它的光彩和价值就在于它独树一帜的意义。

找寻你生命的脐带，它维系着你的历史和光荣，这是你的责任和勇敢所在。如果你逃避或是挥霍，你就彻头彻尾地对不起了一个人，让那个人在无望中泪水流淌。这个人不是你的爸爸妈妈，虽然他们也可能为此伤感，但在他们逝去之后，你依然可以看到新鲜的泪珠在闪耀。这个人也不是你的师长，虽然他们可能会因此失望，但他们还有更多的学生可以期待。要知道你最对不起的人就是你自己，你委屈了千载难逢的表达。

唯有我们不知道生命的长短，生命才更凸显。也许，运动可以在我们的卡里增添一些跳动的数字？也许大病一场将剧烈地减少我们的存款？不知道。那么，在不知道自己有多少银两的时候，精打细算就不但是本能更是澄澈的智慧了。在不知道自己所要购买的愿景和器物，有着怎样的高远和昂贵，就一掷千金毅然付出，那才是真的猛士视金钱如粪土。

这张卡是朴素的，也是昂贵的。你可以在卡上镶上钻石，那就是你的眼泪和汗珠了。没有白金也没有黄金，如果一定要找到类似的东西，美化我们的借记卡，那只有骨骼的硬度和血液的温度了。

你的借记卡就是你的藏獒。当我们最后驾鹤西行的时候，能带走的唯一物品，是我们空空如也的借记卡。当那个时候，我们回首查询借记卡上一项项的支出，能够莞尔一笑，觉得每一笔支出都事出有因不得不花，并将这笑容实实在在地保持到虚无缥缈间，也就是灵魂的勋章了。

其实，当你吐出最后的呼吸之时，你的借记卡就铿锵粉碎了。但是，且慢，也许在那之后，有人愿意收藏你的借记卡，犹如收藏一枚古钱。

谎言三叶草

人总是要说谎的。谁要是说自己不说谎，这就是一个彻头彻尾的谎言。

有的人一生都在说谎，他的存在就是一个谎言。世界是由真实的材料构成的，谎言像泡沫一样浮动在表面，时间使它消耗殆尽，就好像从来没有发生过似的。

有的人偶尔说谎，除了他自己，没有人知道这是一个谎言。谎言在某些时候只是说话人的善良愿望，只要不害人，说说也无妨。

对谎言刻骨铭心的印象，可以追溯很远。小的时候在幼儿园，每天游戏时有一个节目，就是小朋友说自己家里有什么玩具。一个说，我家有会说话的玩具青蛙。那时我们只见过上了弦会蹦的铁皮蛤蟆，小小的心眼一计算，大人们既然能造出会跑的动物，也能让它叫唤，就都信了。又一个小朋友说，我家有一个玩具火车，像一间房子那样长……我呆呆地看着那个男孩，前一天我才到他们家玩过，绝没有看到那么庞大的火车……我本来是可以拆穿这个谎言的，但是看到大家那么兴奋地注视着说谎者，我不由自主地说：我们家也有一列玩具火车，像操场那么长……

哇哇！那么长的火车！多好啊！小伙伴齐声赞叹。

那你明天把它带到幼儿园里让我们看看好了。那个男孩沉着地说。

好啊！好啊！大家欢呼雀跃。

我幼小身体里的血脉一下冷凝住了。天哪，我到哪里去找那么宏伟的玩具火车？也许世界上根本就没有造出来！

我看着那个男孩，我从他小小的褐色眼珠里读出了期望。

他为什么会这么有兴趣？依我们小小的年纪，还完全不懂得落井下石……想啊想，我终于明白了！

我大声对他也对大家说：让他先把房子一样大的火车拿来给咱们看了，我就把家里操场一样长的火车带来。

危机就这样缓解了。第二天，我悄悄地观察着大家。我真怕大伙追问那个男孩，因为我知道他是拿不出来的。大家在嘲笑了他之后，就会问我要操场一般大的玩具火车。我和那个男孩忐忑不安，彼此没说什么。只是一整天都是我们俩在一起玩。幸好那天很平静，没有一个小朋友提起过这件事。

我的小小的心提在喉咙口好久，我怕哪个记性好的小朋友突然想起来。但是日子一天天平安地过去了，大家都遗忘了，甚至在以后再说起玩具的时候，我吓得要死，也并没有人说火车的事。

真正把心放下来是从幼儿园毕业的那天。当我离开朝夕相处的老师和小朋友的时候，当然也有点恋恋不舍，但主要是像鸟一样地轻松了。我再也不用为那列子虚乌有的火车操心了。

这是我有记忆以来最清晰的一次说谎，它给我心理上造成的沉重负担，简直是童年之最。在漫长的岁月里我无数次地反思，总结出几条教训。

一是撒谎其实不值得。图了一时之快活，遭了长期之苦难。占小便宜吃大亏。不到万不得已，不要说谎。

二是说谎很普遍。且不说那个男孩显然在说谎，就是其他的小朋友，也经常浸泡在谎言之中。证据就是他们并不追问我大火车的下落了。小孩的记性其实极好，他们不问，并不是忘了，而是觉得此事没指望了。也就是说，他们知道这是一个骗局。他们之所以能看清真相，是因为同病相怜。

三是说谎是一门学问，需要好好研究。主要是为了找出规律，知道什么时候可说谎，什么时候不可说谎，划一个严格的界限。附带的是要锻炼出一双能识谎言的眼睛，在苍茫人海中谨防受骗。

修炼多年，对于说谎的原则，有了些许心得。

平素我是不说谎的，没有别的理由，只是因为怕累。人活在世上，真实的世界已经太多麻烦，再加上一个虚幻世界掺和在里面，岂不更乱了套？但在我的心灵深处，生长着一棵谎言三叶草。当它的每一片叶子都被我毫不犹豫地摘下来的时候，我就开始说谎了。

它的第一片叶子是善良。不要以为所有的谎言都是恶意，善良更容易把我们载到谎言的彼岸。我当过许多年的医生，当那些身患绝症的病人殷殷地拉了我的手，眼巴巴地问：大夫，你说我还能治好吗？我总是毫不踌躇地回答：能治好！我甚至不觉得这是谎言。它是我和病人心中共同的希望，在不远的微明处闪着光。当事情没有糟到一塌糊涂的时候，善良的谎言也是支撑我们前进的动力啊！

三叶草的第二片叶子是此谎言没有险恶的后果，更像是一个诙谐的玩笑或是温婉的借口。比如文学界的朋友聚会是一般人眼中高雅的所在。但我多半是不感兴趣的。我对未知的事物充满了兴趣，很愿意同普通的工人农民或是哪一行当的专家们待在一处，听他们讲我不知道的故事。至于作家们汇在一起，要说些什么，我大概是有数的，不听也罢。但人家邀了你，是好意。断然拒绝，不但不礼貌，也是一种骄傲的表现，和我的本意相距太远。这种时候，除了极好的老师和朋友的聚会，我兴高采烈地奔去，一般都是找一个借口推托了。比如我说正在写东西，或是已经有了约会……总之，让自己和别人都有台阶下。这算不算撒谎？好像要算的。但它结了一个甜甜的果子，维护了双方的面子，挺好的一件事。

第三片叶子是我为自己规定——谎言可以为维护自尊心而说。我们常常会做错事。错误并没有什么了不起，改过来就是了。但因了错误在众人面前伤了自尊心，就由外伤变成了内伤，不是一时半会儿治得好的。我并不是包庇自己的错误，我会在没有人的暗夜，深深检讨自己的缺憾。但我不愿在众目睽睽之下，把自己像次品一般展览。也许每个人对自尊的感受阈不同，但大多数人在这个问题上都很敏感。想当年，一个聪敏的小男孩打碎了姨姑家的花瓶，没有承认，也是怕自己太丢面子了。既然革命导师都会有这种顾虑，我们自然也可原谅自己。为了自尊，我们可以说谎，同样是为了自尊，我们不可将谎言维持得太久。因为真正的自尊是建立在不断完善自己的地基之上的，谎言只不过是暂时的烟雾。它为我们争取来了时间，我们要在烟雾还没有消散的时候，把自己整旧如新。假如沉迷于自造的虚幻，烟雾消散之时，现实将更加窘急。

随着年龄的增长，心田里的谎言三叶草渐渐凋零。我有的时候还会说谎，但频率减少了许多。究其原因，我想，谎言有时表达了一种愿望，折射出我们对事实朦胧的希望。生命的年轮一圈圈加厚，世界的本来面目像琥珀中的甲虫，愈发纤毫毕现，需要我们更勇敢地凝视它。我已知觉人生的第一要素不是善，而是真。我已不惧怕残酷的真相，对过失可能的恶劣的后果，有了兵来将挡水来土掩的勇气。甚至对于自尊，也韧性得多了。自尊，便是自己尊重自己。只要你自己不倒，别人可以把你按倒在地上，却不能阻止你满面尘灰遍体伤痕地站起来。

有的人总是说谎，那不是谎言三叶草的问题，而简直是荒谬的茅草地了。对这种人，我并不因为自己也说过谎而谅解他们。偶尔一说和家常便饭地说，还是有原则区别的。

中国有句古话，叫作“人之将死，其言也善”。我觉得这个善字就是真实的意思。也就是说，人到临死的时候，就不说谎了。

但这个省悟，似乎来得太晚了一点。

活着，而不说谎，当是人生的大境界。

天使和魔鬼的数量

一天，突然想就天使和魔鬼的数量，做一番民意测验。先问一个小男孩儿，你说是天使多啊还是魔鬼多？孩子想了想说，天使是那种长着翅膀的小飞人，魔鬼是青面獠牙要下油锅炸的那种吗？我想他脑子中的印象，可能有些中西合璧，天使是外籍的，魔鬼却好像是国产。纠正说，天使就是好神仙，很美丽。魔鬼就是恶魔王，很丑的那种。简单点讲，就是好的和坏的法力无边的人。

小男孩儿严肃地沉默了一会儿，说，我想还是魔鬼多。

我穷追不舍问，各有多少呢？

孩子回答，我想，有100个魔鬼，才会有一个天使。

于是我知道了，在孩子的眼中，魔和仙的比例是一百比一。

又去问成年的女人。她们说，婴孩生下的时候，都是天使啊。人一天天长大，就是向魔鬼的路上走。魔鬼的坯子在男人里含量更高，魔性就像胡子，随着年纪一天天浓重。中年男人身上，几乎都能找到魔鬼的成分。到了老年，有的人会渐渐善良起来，恢复一点天使的味道。只不过那是一种老天使了，衰老得没有力量的天使。

我又问，你以为魔鬼和天使的数量各有多少呢？

女人们说，要是按时间计算，大约遇到10次魔鬼，才会出现一次天使。天使绝不会太多的。天使聚集的地方，就是天堂了。你看我们周围的世界，像是天堂的模样吗？

在这铁的逻辑面前，我无言以对，只有沉默。于是去问男人，就是被女人称为魔性最盛的那种壮年男子。他们很爽快地回答，天使嘛，多为小孩和女人，全是没有能力的细弱种类，缥缈加上无知。像蚌壳里面的透明软脂，味道鲜美但不堪一击。世界绝不可能都由天使组成，太甜腻太懦弱了。魔鬼一般都是雄性，虽然看起来丑陋，但腾云驾雾，肌力矫健。掌指间呼风唤雨，能量很大。

我说，数量呢？按你的估计，天使和魔鬼，各占世界的多少份额？

男人微笑着说，数量其实是没有用的，要看质量。一个魔鬼，可以让一打天使哭泣。

我固执地问下去，数量加质量，总有个综合指数吧？现在几乎一切都可用数字表示，从人体的曲线到原子弹的当量。

男人果决地说，世上肯定有许多天使，但在最终的综合实力上，魔鬼是“1”，天使是“0”。当然，“0”也是一种存在，只不过当它孤立于世的时候，什么也没有，什么也不是。不代表任一，不象征实体。留下的，唯有惨淡和虚无。无论多少个零叠加，都无济于事。圈环相套，徒然摞起一口美丽的黑井，里面蛰伏着天使不再飘逸的裙裾和生满红锈的爱情弓箭。但如果有了“1”挂帅，情境就大不一样了。魔鬼是一匹马，使整个世界向前，天使只是华丽的车轮，它无法开道，只有辚辚地跟随其后，用模糊的车辙掩盖跋涉的马蹄印。后来的人们，指着渐渐淡去的轮痕说，看！这就是历史。

我从这人嘴里，听到了关于天使和魔鬼最悬殊的比例，零和无穷大。

我最后问的是一位老年人。他慈祥地说，世上原是没有什么魔鬼和天使之分的，它们是人幻想出来的善和恶的化身。它们的家，就是我们的心。智者早已给过答复，人啊人，一半是天使，一半是魔鬼。

我说，那指的是在某一刻在某一个人身上。我想问的是古往今来，宏观地看，人群中究竟是魔鬼多，还是天使多？假如把所有的人用机器粉碎，离心沉淀，以滤纸过滤，被仪器分离，将那善的因子塑成天使，将那恶的渣滓捏成魔鬼，每一品种都纯正地道，制作精良。将它们壁垒分明地重新排起队来，您以为哪一支队伍蜿蜒得更长?

老人不看我，以老年人的睿智坚定地重复，一半是天使，一半是魔鬼。

不管怎么说，这是在我所有征集的答案里，对天使数目最乐观的估计——二一添作五。

我又去查书，想看看前人对此问题的分析判断。恕我孤陋寡闻，只找到了外国的资料，也许因为“天使”这个词，原本就是舶来的。

最早的记录见于公元 4 世纪，基督教先哲，亚历山大城主教、阿里乌斯教派的反对者圣阿塔纳西曾说过:“空中到处都是魔鬼。”

与他同时代的圣马卡里奥称魔鬼:“多如黄蜂。”

1467 年，阿方索·德·斯皮纳认为当时的魔鬼总数为 133316666 亿名(多么精确！魔鬼的户籍警察真是负责)。

100 年以后，也就是 16 世纪中叶，约翰·韦耶尔认为魔鬼的数字没有那么多，魔鬼共有 666 群，每群 6666 个魔鬼，由 66 位魔王统治，共有 400 多万名。

随着中世纪蒙昧时代的结束，关于魔鬼的具体统计数目，就湮灭在科学的霞光里，不再见诸书籍。

那么天使呢？在魔鬼横行的时代，天使人口是多少？这是问题的关键。

据有关记载，魔鬼数目最鼎盛的15世纪，达到1.3亿时，天使的数目是整整4亿！

我在这数字面前叹息。

人类的历史上，由于知识的蒙昧和神化的想象，曾经在传说中勾勒了无数魔鬼和天使的故事，在迷蒙的臆想中，在贫瘠的物质中，在大自然威力的震慑中，在荒诞和幻想中，天使和魔鬼生息繁衍着，生死搏斗着，留下无数可歌可泣的故事。祖先是幼稚的，也是真诚的。他们对世界的基本判断，仍使今天的我们感到震惊。即使是魔鬼最兴旺发达的时期，天使的人数也是魔鬼的3倍。也就是说，哪怕在最黑暗的日子里，天使依旧占据了这个世界的压倒多数。

当我把魔鬼和天使的统计数据，告诉他人的时候，不知为什么，许多人显出若有所失的样子，疑惑地问，天使，真的曾有75%那么多吗？

我反问道，那你以为天使应该有多少名呢？

他们回答，一直以为世上的魔鬼，肯定要比天使多得多！

为什么我们已习惯撞到魔鬼？为什么普遍认为天使无力？为什么越是对世界一无所知的孩童，越把魔鬼想象为无敌？为什么女人害怕魔鬼，男人乐以魔鬼自居？为什么老境将至时，会在估价中渐渐增加天使的数量？为什么当科学昌明，人类从未有过的强大以后，知道了世上本无魔鬼和天使，反倒在善与恶的问题上，大踏步地倒退，丧失了对世界美好事物的向往与依赖？

把魔鬼的力气、智慧、出现的频率和它们掌握的符咒，以及一切威力无穷的魑魅魍魉手段，整合在一起，我相信那一定是天文规模的数字。但人类没有理由悲观，要永远相信天使的力量。哪怕是单兵教练的时候，一名天使打败不了一个魔鬼，但请不要忘记，天使的数目，比起魔鬼来占了压倒优势，团结就是力量。如果说普通人的团结都可点土成金，天使们的合力，一定更具有斗转星移的神功。

感谢祖上遗留给我们宝贵遗产，天使的基数比魔鬼多。推断下来，天使的力量与日俱增，也一定比魔鬼强大。这种优势，哪怕是只多出一个百分点，也是签发给人类光明与快乐的保证书。反过来说，魔鬼在历史的进程中，也必定是一直居着下风。否则的话，假如魔鬼多于天使，加上不搞计划生育，它们苔藓一样蔓延，摩肩接踵，群魔乱舞，人间早成地狱。

人类一天天前进着，这就是天使曾经胜利和继续胜利的可靠证据。

更不消说，天使有时只需一个微笑，就会让整座魔鬼的宫殿坍塌。

情感按钮

情感有按钮吗？

常常想。却没有答案。

人们很爱说，你不要感情用事，那神情像在上书一个君主，不要起用一个坏武将。因为情感出马的时候，是莽撞的，不经思考的，没有胜算的，甚至一败涂地的。情感在这里成了不折不扣的贬义词。

情感真的是贬义的吗？如果，真的是，那么，就应该——把人五颜六色的情感都阉割了，变成一具没有情感的素白骨骼。

然而，这个世界已经有了太多的机器，缺少的正是有血有肉有风骨有情愫有气节有慈悲的汉子和女子啊！

不信，咱们打个赌试试。

你愿意娶一个没有情感的女子吗？恐怕绝大多数的男子会说："不！"

你愿意嫁一个没有情感的汉子吗？几乎所有的女子都会说：“不！”

你愿意生一个没有情感的孩子吗？“不！不！”我猜这是无数母亲的唯一答案。

你愿意有一个没有情感的母亲吗？“不！绝不！”我断定所有的孩子都会这样回答。

你愿意在没有情感的老师麾下当学生吗？学生们一定异口同声地说：“不！”

你愿意在没有情感的老板手下当员工吗？“不！”员工们会谨慎而坚定地作答。

你愿意在没有情感的国度里生活吗？……“不！不！”几乎所有的公民都会这样说！

人们这样需要情感，看来情感是万万少不了的。

但情感也需有节制。所有的事物都要有节制，超过了限制就是灾难。涓涓溪流是美丽的，不断地加大流量，成了滔滔洪水，就是祸端。暖暖春光是惬意的，热下去再热下去，温度不断升高，成了烈火焚烧就是酷刑。适当的愤怒，适当的哀伤，适当的哭泣，适当的欢喜……如果它们的力度是恰到好处的，那么每一种情感都是动力，都会使我们的生活丰富多彩，充满连绵不绝的激情与活泼泼的张力。

可惜，情感的特征就是不受控制。在某种程度上，它我行我素，自说自话，如同脱缰野马，洒脱不羁。所以，给情感安上一个按钮，就是非常必要的了。

情感按钮，它应该是圆的还是方的？什么颜色呢？谁来掌控呢？

都是问题。

依我看，情感按钮最好是液晶屏的，轻轻一触，不显山不露水地就完成了操作。如果你想发火，在别人还没有发现的当儿，你就在第一瞬间，觉察到了这喷薄欲出的火苗来自何方。你会问自己："除了发火，我还有没有更好的表达方式？面前的这个人，这个时间，这个地点，是不是我发泄愤怒的最好对象与时空？发火除了让我有片刻的快意以外，会不会造成更长远的伤害和后果？"如果将这一切都考虑周全了，你还是想勃然大怒，我觉得那就让火山爆发一次吧。这就像你的武库里有一枚原子弹，你就是超级大国的总统，你有核按钮，只是所有的爆炸都是有强大破坏力的，你可以炸毁邪恶，也可能粉碎自我。如果你悲痛欲绝，你是可以哭的。不但可以无声地哭泣，也可以声震寰宇号啕痛哭。情感没有对错之分，只有存在与否。既然存在了，就要像对付堰塞湖一样，挖一条导流渠，让危险的库容降低。能缓慢地释放最好。实在不行了，也要爆破，总之，宜疏不宜堵。不然，所有的情感都蕴藏着巨大的能量，一旦失去控制，就会电闪雷鸣、风驰电掣地狂泄起来，那就极容易溃坝伤人。

情感按钮的形状，我觉得最好是椭圆形的。关于圆形的好处，各种书上都有解释，有说这样最省材料，有说这样最美观，还有说这样最方便。关于椭圆形的好处，讲得似乎不多。椭圆形，应该是圆形的弟弟吧。先有了圆形，然后圆形在某种压力下，就变成了椭圆形。圆形的所有优点它都保存着，只是比圆形更多了一些灵活变通。我喜欢椭圆形的原因是，它没有棱角，从任何方向抚摸起来，都是妥帖的、流畅的、简便的。既然我们的情感需要控制，那么这个按钮，当然以便利快捷温润周全为好。

如果要给情感按钮规定一种颜色，什么色好呢？红色，太鲜艳了，如果是火冒三丈的时候，这本身就是一个强烈的刺激。要不，黄色？想想，似乎太触目惊心了一点儿。想那海难的救生衣、道路的危险警示，都或深或浅地加入了一点儿红橙的黄。甫一看到，就令人警觉，甚至有不祥的预感。情感的按钮，还是更祥和一些吧。要不就绿色？环保并且时尚。细一琢磨，似乎稍微稚弱和青翠了些，不够坚定强韧。思来想去，最后决定取沧海和蓝天的色泽。

情感按钮，就用包容一切的蓝吧。海水的蔚蓝，翻起的浪花是雪白的，如同硕大无朋的蓝宝石，镶着银亮而曲折的边儿。我乘坐游轮环球旅行，每日看不够的就是无边无际的大海了。我惊叹这个星球上有那么多的水，那么广阔的蓝色，而且，它们绝不单调枯燥，而是变幻无穷。不知哪里来的不竭动力，它们无时无刻不在充满胜利地涌动着，含蓄但深不可测。中国有句古话，叫作“仁者乐山，智者乐水”。我因为从小就在西藏当兵，和无数山峦相依为命，虽不敢自诩为仁者，却是爱山的，如同爱一位同宿舍的老友。这一次，见了真正浩渺无际、奔腾不息的大海，才知道自己是多么崇拜水啊。不是智者，但是爱水，爱这孕育了无数生灵的颜色。

物种的起源，是来自水的。想当初，我们都是最简单的孢子，遨游水中。我们从海洋那里得到了最初的营养，开始了步履蹒跚的进化长征。如今我们成了这个星球上最智慧的生物，我们也面临着巨大的危机。看到海洋的时候，我们的心会宁静下来，在它面前，我们是如此渺小而单薄，比一朵浪花的生涯更短暂飘忽。一朵浪花的前世今生，可能进过鱼腹，可能幻成彩霞，可能成为雨滴和寒露，可能在蚌壳的体内变成珍珠……很多人的一生，绝无这般精彩绚丽。

还是回到情感按钮这里吧。我们每个人都在自己的情感之河上竖立一座水闸，它有一个蓝色的椭圆形的如同海洋之眼的按钮。当你无法控制自己情绪的时候，就轻轻地触摸它，它是光洁温凉的，带给你镇定和松弛。如果你真的想要放纵一次自己的情绪，就请在慎重思考之下，把按钮按下。如果你在这样的触摸中，渐渐地冷静下来，找到了另外的出口，那么，恭喜你啊，避免了一场情绪的厮杀。

断肋之钱

那天，我一坐上这辆出租汽车，就觉出司机的不同凡响。他目光锐利，我刚报出要去的地名，他就说：“您是去讲课吧？你预备的时间不充裕，不过，我给您紧赶着点，估计误不了事。”我很惊奇，因为我只说了一个大概的方向，并无更具体的线索。难道我的身份和目的，已经这样彰显在脸上了吗？看来，我的城府实在太浅了。这样一想，我就紧紧地钳闭了嘴唇，决定让这个料事如神的司机，再也看不出什么来。

但是，过了一小会儿，我就不得不问他：“我坐的这个副驾驶的位置上，可装有安全带？”

他笑了，说：“您知道，这种低档的出租车，哪里配有安全带！您觉得我开得太快是吧？想委婉地提醒我，好，谢谢了。”

我打过无数次的出租车，但像这样聪慧到狡猾的司机，真是第一次遇到。

他的车开得极好，红色的车体，犹如一只沸虾，在车流中穿梭行驶，自在快捷。路旁，闪过一片绿荫，粉红色的豪华别墅，如片片樱花散落其中。为了打破尴尬，我随口说道："普通老百姓，看到这样的富贵之区，保不准会生出闹革命的心情。"

司机说："有那么严重吗？通常我不说，但我愿意告诉您，我就住在这里。"

我大吃一惊，看他的脸，是否说谎。好歹我读过心理学博士课程，自认为明显的胡说，还是可以分辨出来的。

我看到一张不动声色的侧影。

他说："您怀疑我，是吧？一个开出租车的苦力，按过去的说法，就是拉洋车的骆驼祥子，怎么住得起这样每平方米上万元的住宅？"

被他点破，我有点不好意思。毕竟萍水相逢，纵使他吹牛，我也没有评价他道德水准的责任。我说："不是不相信啦，是吃惊。"

他说："我没有怪您。别说是您，连新任这片住宅的保安，查看了我全套的证件之后，往往还是不让我进去。我索性挑明，说你们是不是认为一个开出租的，不配住在这里啊！不是说劳动致富光荣吗？我的每一分钱都是血汗挣来的，你们为什么不让我进自己的家？"

我姑且相信他说的是真话，这勾起了我的好奇心。我说：“你怎么会挣到这么多的钱呢？据我所知，一个出租司机，就是每天24小时不休息，也不可能赚下此等的豪宅。”

他熟练地左打右打方向盘，目视前方说：“单是开车，我自然挣不了这么多的钱。我还有一门手艺，和开车一起做。就像豆子和玉米套种，产量自然就高了。”

我说：“什么手艺呢？”

他说：“武术。”说着，他把抓着方向盘的手腾了出来，在我面前晃了晃。指爪如鹰。“有一位大老板，看中了我的功夫，租下了我的车，让我担任车夫兼保镖。一做就是十几年，我的所得当然就丰厚了。”

我环视四周说：“既然有这般美差，为什么又不做了呢？”这是一辆很普通的甚至可以说是破旧的夏利车，看来司机当年开的必不是它。

司机说：“陪着老板，看到了太多不该看到的事情。老板干什么都不避讳司机的，什么事，我都知道。他喝酒的时候，我喝饮料。我比他清醒。无数的尔虞我诈，坑蒙拐骗。有时，他明明寻花问柳，我还要替他编谎。我常常半夜醒来问自己，你冬练三九夏练三伏，好不容易得了这一身功夫，就是为了保护这样一个人渣吗？后来，我终于辞职了。我不能为了钱，把我整个人生的目标，都毁了。我改开普通的出租车，再没了那般豪华。冬天冷，夏天热，可我心里安宁。我在马路上拉老百姓。他们要么是为了公事，要么是有急事，或者是看病赶火车，或者是上班怕迟到扣奖金，才破费一次打车。我愿用自己的本事为这些人干活，到手的钱虽少，踏实。”

我说：“你一转身做了这么大的改变，家里的人，同意吗？”

他说：“不同意。过去我老婆下了夜班，如果老板不用车，我会开着奔驰去接她。现在呢，只有小夏利了。她觉着不威风。我说，别不知足。我和那样的老板在一起，也许有一天，我再也不会来接你，改接别的女人了。夏利虽小，却是咱们自己的。”

我听得频频点头，突然，我发觉在我和他之间，没有出租车必备的隔离栅。我说：“为什么你这车不装防护装置呢？是忘了，还是故意的？”

他怪怪地笑笑说：“故意的。出租公司统一收钱装隔离栅，我交了钱，但是，我不让他们装。”

我说：“你很想碰上打劫的，练练你的功夫？”

司机说：“正是。不然，我这一身的功夫，岂不明珠暗投。所以，我下午睡觉，专练半夜的活儿。尤其是在酒馆、歌厅这种五行八作之人出没的地方转悠。越到半夜时分，越是斗志昂扬。越是看到贼眉鼠眼之辈，别的出租司机避之唯恐不及，我偏过去搭讪……”

我听得心惊胆战，问道：“碰上了吗？”

他洋洋得意地说：“久在河边转，哪有不湿鞋的？功夫不负苦心人啊，前不久，还真让我赶上一回。那一天，半夜两点多了吧，我在马路边上扫活，有一个老实巴交的人和三个酒气熏天的小伙子脚前脚后地举手打车……要是平常日子，我一准会拉那个老实人，但是，这一回，我的心突突跳，直觉到我盼望已久的一个机会来了……我在心里对那位老实人说，对不起您了，先生！好在这里是要道，我不拉您，用不了多长时间，也定会有出租经过。我要完成我的一个愿望去，请您原谅。这样想着，我就把车停到那几个醉鬼身边了……”

听到这里，我打断了司机的话：“那么远，怎么能知道他们喝醉了？你隔着窗玻璃，就闻到了酒味？”

司机说：“问得好。您是个细心人。平常我拉客人，除了特殊的病人，我绝不把车停在他跟前。而是一定要有一段距离。让他不能一步跨上车，而要走动几步。”

我不解道：“这有什么不同吗？”

司机说：“大不同。我要看看他的步态。喝没喝酒，有没有病，健康如何，甚至身上有没有功夫……这几步走，就什么都告诉我了。还有，喝了酒的人，喘气是向前吹的……”

我说：“喔，原来是这样。后来呢？”

司机说：“后来他们就上了车，说了一个很偏僻的地名。

他们怕我不去，竭力装出斯文的样子。其实，我哪能不去呢！我盼了许久，才盼到这样一次巧遇。求之不得啊！车在郊区的路上跑得很快，我摇下车窗，任凭冷风像巴掌一样抽打全身，我要冷静一点，别误伤了无辜。路越来越黑，夜越来越深，那三个小伙子，酒好像也醒了，悄无声息地包围着我。突然，一个说——停车！我说，你们要去的地方还没到呢。三个一齐说，叫你停你就停！你要不停，我们立刻就戳死你！于是，我看到了寒光闪闪的刀锋，对着我的右腮下方。这正是我梦寐以求的情形啊！我对他们说，哥们，别这样！你要是在车上动了凶，一来我临死前乱扑腾，对安全不利。二来血溅得哪都是，你卖这车的时候，人家杀价。三来你再开着跑的时候，若是警察一眼看到了，必得引起怀疑。所以，给我点时间，我把车靠靠边，大家都方便。他们愣了，一声不吭，我就算得了默许，把车开到一条小岔路上，停了下来。他们围过来，把我一天辛苦挣下的钱，都抢在手里。我一点都不反抗，由着他们欺负。钱抢完了，领头的一个说，怎么这么少？是不是还藏在哪里了？我说，凭力气干活的人，就像靠天吃饭，有什么准头？不容易啊！一个大个子狞笑着走到我身边说，哥们成全你了，从今后，你就再也没烦心事了……说着，一道寒光就冲着我的咽喉过来了。旁边的一个小个子还搭腔道，先做了他的眼珠子，省得死了眼里还留着咱们的影像……一切都确凿无疑了。我全身的血顿时开了锅，抖擞精神，飞起一脚，先踢飞了大个子的刀子，然后顺势一跺脚，把他的腿骨裂了。再一个鹞子翻身，落地时掰断了领头那厮的手腕子。最后，轻轻一点，把小个子的肋骨折了……”

我倒吸凉气，说：“天啊！好利索！只是，那还不血流成河了？”

司机说：“现场一滴血都没有。我伤他们，都不是要害。只是剧痛，让他们再不能伤人。然后，我把他们抢我的钱，都拿了回来。最后，我把他们的钱包打开了……”

我说：“除暴有理，但你这就不合适了吧？正当防卫没错，但是私取他人财物……”

司机不理我，自顾说下去：“我打开了他们的钱包，三人也真够惨的，加在一起，才 150 元钱。我都拿走了，然后把 27 元钱放在那个断了肋骨的人身上……你肯定问这是为什么？告诉你吧，我看了一眼我的里程表，上面标的钱数是 123 元。半夜三更的，我不能白拉这趟活儿啊，你说是不是？”

我连连点头说：“是。这是你该得的钱。但是，我还有一点担心，你就不怕他们报复？”

话正说到这里，很遗憾，我的目的地到了。司机为我开了收据，说：“我对那三个躺在地上喊爹叫妈的家伙说，如果你们要报复，下次就不是断肋骨而是断脖子的事了。我的车牌子他们都看到了，我不怕。从那天到现在，我一直在等着他们。”

我目送着这辆破旧的红色夏利车行远。

风的青睐

400 年前的法国人蒙田，说过这样一句话——风不会对漫无目的者有所青睐……

青睐是指一个人用黑眼珠子看着你。这是一句反话。意思是假如你有了坚定的目的，整个人自然将帮助你。

风是什么呢？风是一股看不见摸不着的力量。风吹的时候，影响着我们，逆风或是顺风，对我们的速度和方向都强有力地制约着。就连飞机的钢铁巨翅，也不敢对风等闲视之。

人生的目的很重要。这个目的，是谁给我们预定的呢？没有人。你的父母你的师长你的朋友，都可能参与你的目的的制定，但他们不是决定的力量。最后的赞成或是否决票，在你手里。如果你对自己说，我才不要什么人生的目的这种奇怪的东西，那么，你也是有一个目的了，那就是“虚无”。

一个没有方向感的人，如何行走呢？看看醉汉就明白了。踉踉跄跄，东倒西歪，昏乱地嘟囔着，没有人知道他要到哪里去，更不知道他的归宿在何方……这种精神的吉卜赛人，终身流浪在灵魂的荒原。

还有一些人，把某种流行的腐朽说法或是沉沦的误区，当成了自己的目的。这种镜花水月的伪目的，只能引诱感官的沉没和本能的麻痹。

目的的特征：通常是阔大的，依稀的，但它确实存在着，一如晨曦。你从未摸到晨曦，但你每天都可以看到它。即使乌云蔽日的时候，你也坚韧不拔地确信，在高远之处，晨曦依然发出红色温暖的光芒。

一个有目的的人，走路的姿势是向前的。他们通常不会在跌倒之后，太长地抚摸伤痛，短暂的昏厥之后迅速地清醒，用身边的树枝或是草叶，捆扎好伤口，蹒跚着上路了。他们走得慢，但很坚定，不会因为风险而避开既定的方向，也不会为路边一些小的花果而长时间地流连忘返。当然也有痴迷和混沌的时候，但他们能够重新恢复思考的冷静，从容向前……

风的青睐，是无价的礼物。只要你坚定地确立了自己的目标，努力下去，就会发现天地万物都来帮你了。

芒果女人

小学同学艨从北美回来探亲，因国内已无亲属，她要求往日同伴除了叙旧以外，就是陪她逛街购物吃饭，于是大家排了表，今日是张三明日是李四，好像医院陪床一般，每天与她周游。

艨的先生在外发了财，艨家有花园洋房游泳池，艨的女儿在读博士，艨真是吃穿不愁。可是艨依然很朴素，就像当年在乡下插队时一般。艨说我这么多年主要是当家庭妇女，每日修剪草坪和购物。要说有什么本领，就是学会了如何当一名消费者。

艨说中国的商家已经学会了赚钱，可很多人还不知道钱要赚得有理。中国老百姓也已经知道了，钱可以买来服务。可这服务是什么质量的，心里却没数。

和艨乘出租汽车。司机一边开车，一边用打火机引着了烟。艨对我说，你抽烟吗？我偏头躲着烟雾说，不抽。艨说，我也不抽。然后是寂静，只有发动机的震颤声。等了一会儿，艨对司机说，师傅，我本来是想委婉地提醒您一下，没想到您不察觉。那我就得明说了，请您把烟熄了。司机愣了一下，好像没听懂她的话，想了想，还算和气地说，起得早，困。抽一支，提提神。我这车，不禁烟，没看不贴禁止吸烟的标志吗？艨说，这跟禁烟标志无关，而是您抽烟并没有得到我们的允许啊。司机说，新鲜。抽烟这事，连老婆都管不着我，干吗要得到你们的允许？

艨说，你老婆给你钱吗？

司机说，新鲜。我老婆给我什么钱？是我给她钱，养家糊口。

艨沉着地说，这就对了。你老婆和你是私事，你可听也可不听。我们出了钱，从上车到目的地这段时间内，买了你的服务。我们是你的雇主，你在车内吸烟，怎能不征询主人的意见呢？

我捏了一把汗，怕司机火起来，没想到他握着烟想了半天把长长的烟蒂丢到车窗外面了。过了一会儿，司机看看表，把车上的收音机打开，开始听评书连播《肖飞买药》。音波起伏，使车内略显尴尬的气氛，得到某种稀释。

艨的眉头皱起来，这一次，她不再旁敲侧击，径直说，师傅，我心脏不好，不能听这种激动的声音。请您关闭音响。

司机旧恨新仇一起发作，恨恨地说，怎么着？这评书我是每天都听的，莫非今天拉了你，就得坏了我的规矩，让我不知道肖飞是怎么从鬼子眼皮底下逃出去的？你这个女人脑子有毛病！

我虽从感情上向着艨，但司机的话也不无道理。别说肖飞还是有趣的故事，赶上毛头司机让你听汗毛都炸起的摇滚，不也得忍了吗？我忙打圆场说，师傅，我这位朋友爱静，就请您把喇叭声拧小点，大家将就一下吧。

没想到首先反对我的是艨。她说，这不是可以将就的事。师傅愿意听《肖飞买药》，可以。您把车停了，自个儿坐在树荫下，爱怎么听就怎么听，那是你的自由。既然您是在从事服务性的工作，就得以顾客为上帝。

司机故意让车颠簸起来，冷笑着说，怎么着？我就是听，你能把我如何？说完把声音扩到震耳欲聋。

艨毫不示弱地说，那你把车停下。我们下车！

司机说，我就不停，你有什么办法？莫非你还敢跳车？！

艨坚定地说，我为什么要跳车？我坐车，就是为了寻求便利。我付了钱，就该得到相应的待遇，你无法提供合乎质量的服务，我就不付你报酬。天经地义的事情，走遍天下我也有理。

我以为司机一定会大怒，把我们抛在公路上。没想到在艨的逻辑面前，他真的把收音机关了，虽然脸色黑得好似被微波炉烘烤过度的虾饼。

司机终于把我们平安拉到了目的地。下车后，我心有余悸。艨却说，这个司机肯定会记住这件事的，以后也许会懂得尊重乘客。

吃饭时落座艨挑选的小馆，她很熟练地点了招牌菜。艨说此次回国，除了见老朋友，最重要的是让自己的胃享享福，它被洋餐折磨得太久太痛苦了。菜上得很快，好像是自己的厨艺，艨一个劲地劝我品尝。我一吃，果然不错，轮到艨笑眯眯地动了筷子，入了口，脸上却变了颜色，招来小姐。

你们掌勺的大厨，是不是得了重感冒？不舒服，休息就是，不宜再给客人做饭的。艨很严肃地说。

小姐一路小跑去了操作间，很快回来报告说，掌勺的人很健康，没有病的。她一边说着，一边脸上露出嫌艨多此一举的神色。

我也有些怪艨，你也不是防疫站的官员，管得真宽。忙说，快吃快吃，要不菜就凉了。

艨又夹了一筷子菜，仔细尝尝，然后说，既然大厨没生病，那就一定是换了厨师。这菜的味道和往日不一样，盐搁得尤其多。我原以为是厨师生了感冒，舌苔黄厚，辨不出咸淡，现在可确定是换了人。对吗？她征询地望着小姐。

小姐一下子萎靡起来，又有几分佩服地说，你的舌头真是神。大厨今天有急事没来，菜果真是二厨代炒的。真对不起。

小姐的态度亲切可人，我觉得大可到此为止。不想艨根本不吃这一套，缓缓地说，在饭店里，是不应该说“对不起”这几个字的。

艨说，如果我享受了你的服务，出门的时候，不付钱，只说一声“对不起”，行吗？

小姐不语，答案显然是否定的。

艨循循善诱地说，在你这里，我所要的一切都是付费的。用“对不起”这种话安慰客人，不做实质的解决，往轻点说是搪塞，重说就是巧取豪夺。

这时一个胖胖的男人走过来，和气地说，我是这里的老板，你们的谈话我都听到了，有什么要求，就同我说吧。是菜不够热，还是原料不新鲜？您要是觉得口感太咸的话，我这就叫厨房再烧一盘，您以为如何？

我想，艨总该借坡下驴了吧。没想到艨说，我想要少付你钱。

老板压着怒火说，菜的价钱是在菜谱上明码标了的，您点了这道菜，就是认可了它的价钱，怎么能吃了之后杀价呢？看来您是常客，若还看得起小店，这道菜我可以无偿奉送，少收钱却是不能开例的。

朦不慌不忙地说，菜谱上是有价钱不假，可你那是根据大厨的手艺定的单，现在换了二厨，他的手艺的确不如大厨，你就不能按照原来的定价收费。因为你付给大厨的工钱和付给二厨的工钱是不一样的。既然你按他们的手艺论价，为什么到了我这里，就行不通了呢?

话被朦这样掰开揉碎一说，理就是很分明的事了。于是朦达到了目的。

和朦进街上的公共厕所，朦感叹地说，真豪华啊，厕所像宫殿，这好像是中国改变最大的地方。

女厕所里每一扇洗手间的门都紧闭着，女人们站在白瓷砖地上，看守着那些门，等待轮到自己的时刻。

我和朦各选了一列队伍，耐心等待。我的那扇门还好，不断地开启关闭，不一会儿就轮到了我。朦可惨了，像阿里巴巴不曾说出“芝麻开门”的口诀，那门总是庄严地紧闭着。我受不了气味，对朦说了声我到外面去等你啊，便撤了出去。等了许久，许多比朦晚进去的女人都出来了，朦还在等待……等朦终于解决问题了以后，我对朦说，可惜你站错了队啊。

朦嘻嘻笑着说，烦你陪我去找一下公共厕所的负责人。

我说，就是门口发手纸的老大妈。朦说，你别欺我出国多年，这点规矩还是记得的。她管不了事。我要找一位负责公共设施的官员。

我表示爱莫能助，不知道这类官司是找环保局还是园林局（因为那厕所在一处公园内）。艨思索了片刻，找来报纸，毫不犹豫地拨打了上面刊登的市长电话。

我吓得用手压住电话叉簧，说艨你疯了，太不注意国情！

艨说，我正是相信政府是为人民办事的啊。

我说，一个厕所，哪里值得如此兴师动众？

艨说，不单单是厕所，还有邮局、银行、售票处等，中国凡是有窗口和门口的地方，只要排队，都存在这个问题。每个工作人员速度不同，需要服务的人耗时也不同，后面等待的人不能预先获知准确信息。如果听天由命，随便等候，就会造成不合理、不平等、不公正……关于这种机遇的分配问题，作为个人调查起来很困难，甚至无能为力。比如我刚才不能一个个地问排在前面的女人，你是解大手还是解小手，以确定我该排在哪一队后……

我说，艨你把一个简单的问题说得很复杂，简明扼要地告诉我，你打算在厕所里搞一场什么样的革命？

艨说，要求市长在厕所里设条一米线，等候的人都在线外，这样就避免了排错队的问题，提高效率，大家心情愉快。北美就是这样的。

我说，朦，你在国内还会上几次厕所？还会给谁寄钱或取邮件？我们浸泡其中都置若罔闻，你又何必这样不依不饶？你已是一个北美人，马上就要回北美去，还是到那里安稳享受你的厕所一米线吧。

朦说，这些年，我在国外，没有什么本事，就是买买东西上上街。我不像别的留学生回国，有很多报效国家的能力。我只是一个家庭妇女，觉得那里有些比咱高明的地方，就想让这边学了来。这几天我让你们陪我，是想让你们明白我的心。我不是英雄，没法振臂一呼，宣传我的主张；也不是作家，不会写了文章，让更多的人知道我的想法。我只有让你们从我看似乖张的举动里，感觉到这世上有一个更合理的标准存在着，可以学习借鉴。

我为朦的苦心感动，但还是说，就算你说得有理，这些事也太小了。要知道中国有些地方连温饱都没有解决啊。

朦说，我对中国充满信心。温饱解决之后，马上就会遭遇这些问题。对于普通人来说，我们流泪，有多少是为了远方的难民？基本上都是因为眼睛里进了沙子。身边的琐事标志着文明的水准。现代化不是一个空壳，它是一种更公正更美好的社会。

我把压在电话叉簧之上的手指松开了，让朦去完成找市长的计划。那个电话打了很长，朦讲了许多她以为中国可以改进的地方，十分动情。

分手的时候，艨说，有些中国人入了外国籍以后，标榜自己是个“香蕉人”，意思是自己除了外皮是黄色的，内心已变得雪白。而我是一个“芒果人”。

我说“芒果人”，好新鲜。怎么讲？

艨说，芒果皮是黄的，瓤也是黄的。我永远爱我的祖国。

第二辑

分泌幸福的“内啡肽”

分泌幸福的“内啡肽”

我曾看过一则新闻：英国有家报社，向社会有奖征答“谁是最幸福的人”，然后排出第一种最幸福的人，是一个妈妈给孩子洗完澡，怀抱着婴儿；第二种最幸福的人，是一个医生治好了病人并目送他远去；第三种最幸福的人，是一个孩子在海滩上筑起了沙堡；备选答案是，一个作家写完了著作的最后一个字，放下笔的那一瞬间。

看完这则不很引人注目的报道，那一瞬间，我真的像被子弹打中一样，感到极度震惊——这四种状况都曾集于我一身，但是，我没有感觉到幸福！

我为什么没有幸福感？有了这个问号后，我就去观察周围的人，这才发现，有幸福感的人是如此之少。有一年，我拿出贺卡看了看，结果发现最多的是“祝你幸福”，这可能是中国人的集体无意识，所以才会觉得是永远的吉祥话。

可是，幸福的本质是什么东西呢？

日本春山茂雄博士《脑内革命》一书说，当我们感知幸福的时候，其实是生理在分泌一种内啡肽，即幸福感是体内内啡肽的分泌。从罂粟里提炼的吗啡是毒品，它的魔力正是在于它的分子结构模拟了生理基础上的内啡肽，让你体验到一种伪装的、模拟的快乐。当你觉得真正快乐的时候，例如接到大学录取通知书时，如果去抽血查验体内的生化水平，你的内啡肽水平是很高的。

据春山茂雄研究，人体内啡肽的分泌，和马斯洛“需要层次”的金字塔理论惊人地吻合：吃饭能带来愉悦，人在生理基础上是快乐的；然后，在实现安全、爱和尊严的需要的过程中，伴随着更大量内啡肽的分泌，让你感知自己的幸福；最重要的是，当你完成自我实现的时候，内啡肽就到达非常高的水平，远远超出吃饭带来的幸福感。

这种生理和心理的结合，使我觉得，能够体验到幸福感，是一个需要训练、感知且不断提高的过程，因为幸福不是与生俱来的。

我觉得世界上的幸福首先来自一个坚定的信念。

我常去高校和大学生交流，给我最多的感觉是，他们面临着一个非常重要的问题——人生观的确立和价值观的走向，即人为什么活着。

经常有媒体采访我的心理咨询中心，最喜欢提的问题是：

“咨询最多的问题是什么？”我说，心理咨询室这张米黄色的沙发如若有知，一定会一次次地听到来访者在问：“我为什么活着？”我觉得人是追索意义的动物，尤其是年轻人，都曾经无数次地叩问这个问题。

以前，我们喜欢用灌输式的方法，从小将主义、理想或目标灌输给孩子，希望能够在他心中扎下根，成为他一生的坐标。可我现在发现，一个人的目标，一定需要他自己经过艰苦地摸索，然后在心理结构里确立下来，否则，无论我们多么用心良苦、谆谆教导，它真的只是一个外部的东西。

其实，每个人都早早地确立了一生的目标，因为它原本已存在于你的内心：从童年经验开始，你所热爱、尊敬、向往、要为之奋斗的东西，其实早已植根于心里，只不过被许多世俗的东西、繁杂的外界所影响，甚至被遮蔽了。当一个人开始有意识地关注自己的心理健康时，那是在整理他的心理结构，然后明白心中取得最主打作用的架构和体系。

我曾在一所非常好的大学做讲座，台下有学生递条子说：“毕老师，我想问问你，我年轻貌美，又有这么好的大学文凭，要是不找一个大款把自己嫁了，我是不是浪费了资源？”我想，在大学生寻找目标的迷茫过程中，能够有这种朋友式的探讨，是特别重要的。

另外，我觉得自我形象的定位是幸福感来源非常重要的一部分。

在大学生自我形象的构建里，有一部分是他们的“出身”（阶层）：他们从各种阶层突然聚合到一起，大学虽是个相对小的、封闭的环境，却也是整个社会的缩影，因此，如何看待自己不可选择的出身阶层，这是自我形象非常重要的部分。另外一部分是他们的学业，包括学习的能力、智商的能力、人际交往的能力等，可归为自己奋斗来的部分。

然而，还有特别重要的一部分，就是外在条件——长相。

我曾在一所大学做关于自我形象、自我认知的讲座，请台下的学生回答：你们有谁曾经为自己的长相自卑？结果齐刷刷地举手——所有的人都自卑！

我当时一下子不知该如何反应，没料到当代年轻人在相貌问题上居然有如此大的压力。

后来，我悄悄问一位女生，问她为自己相貌的哪一点自卑，我实在找不着——她身材窈窕、黑发如瀑、明眸皓齿、肤如凝脂，真的是美女。

她说，我有一颗牙齿长得不好看。

我说，哪颗牙齿？

她说，第六颗牙齿。

我说，谢谢你告诉我，否则站在对面看你一百年，我也看不出你那颗牙齿不好。

她说，你不知道，可是我知道。我不敢笑，从来都是抿着嘴只露出两颗牙齿。同学都说我多“冷”、多高傲，其实，我只是怕人看到第六颗牙齿。男生追求我的时候，我就想，我一颗牙齿不好，他还追求我，肯定是别有用心，于是放弃了好几个条件很好的男生。

我觉得，当一个人不能接纳自己，不能和自己友好地相处的时候，他就不能和别人友好地相处。因为，他对自己都那么百般挑剔、那样苛刻，又怎能和别人有真诚的、良好的沟通与关系？

其实，我挺欣赏基督教里的说法：接受你不可改变的那一部分。我们可以列一列，像出身的阶层、长相及缺陷，这些是我们不可改变的。而我们能够去修炼、弥补和提高的，就是我们可改变的那一部分。

面对一个我们不可改变的东西，该如何对待它，每个人的答案是不一样的，而这个不一样的答案却可能深刻地影响我们的一生。比如，一个人认为他丑，就认定自己完全不会幸福了，觉得他既然这么丑，有什么权利得到幸福？一个人说他很贫寒，为什么别人可以含着银汤匙出生，而他却含着草根出生？

面对种种不平等，我常跟年轻人说，不平等是社会有机组成的一部分，而让它变得更为平等，是你义不容辞的责任之一。

首先，你要丢掉幻想，坦然接纳不公平、巨大的差异或先天不良。然后，对于自己可改变的部分，你就要细细地分析，找出自己的优缺点，是优点就让它更好，是缺点就要去弥补，尤其要突出优点，把自己光彩照人的方面表现出来。因为中国文化特别容易告诉你哪里不行，生怕你忘了自己的缺点，而你有什么优点，告诉你的人可不太多，所以要坦然接受自己的优点，将它发扬光大。

心理咨询中心来过一位留英硕士，月薪 12 万元，可他将自己说得一无是处，弄得我都心酸。我才知道，一个人接不接纳自己，其实不在于外在的条件，也不在于世俗的评判标准，而完全在于他内心框架的衡量。

我通常咨询完了不会给谁留作业，但那天我说，我给你留个作业：下星期来见我之前，你要写出自己的 15 条优点。

他快晕过去了，说，我怎么能找到 15 条优点呢？至多也就找出一两条。这个世界上，可能只有您相信我还有优点，我父母就不相信我有优点，所有人都不相信我有优点！

我说，你老板起码相信你有优点吧，否则怎会出月薪 12 万元雇你？

他突然在这个事实面前愣了半天，然后说，噢，那我试试看。

所以我觉得，应该去认识自己的长处，将它发扬光大，去接纳那些不可改变的东西。当你能够坦然地面对自己的时候，其实也就可以坦然地面对世界——放下包袱后，你才可以轻装前进。

费尔巴哈说过：“你的第一责任是使你自己幸福。你自己幸福了，你也就能使别人幸福，因为，幸福的人愿意在自己周围只看到幸福的人。”

提醒幸福

我们从小就习惯了在提醒中过日子。天气刚有一丝风吹草动，妈妈就说，别忘了多穿衣服。才相识了一个朋友，爸爸就说，小心他是个骗子。你取得了一点成功，还没容得乐出声来，所有关切着你的人一起说，别骄傲！你沉浸在欢快中的时候，自己不停地对自己说："千万不可太高兴，苦难也许马上就要降临……"我们已经习惯了在提醒中过日子。看得见的恐惧和看不见的恐惧始终像乌鸦盘旋在头顶。

在皓月当空的良宵，提醒会走出来对你说：注意风暴。于是我们忽略了皎洁的月光，急急忙忙做好风暴来临前的一切准备。当我们大睁着眼睛枕戈待旦之时，风暴却像迟归的羊群，不知在哪里徘徊。当我们实在忍受不了等待灾难的煎熬时，我们甚至会恶意地祈盼风暴早些到来。

风暴终于姗姗地来了。我们怅然发现，所做的准备多半是没有用的。事先能够抵御的风险毕竟有限，世上无法预计的灾难却是无限的。战胜灾难靠的更多的是临门一脚，先前的惴惴不安帮不上忙。

当风暴的尾巴终于远去，我们守住零乱的家园。气还没有喘匀，新的提醒又智慧地响起来，我们又开始对未来充满恐惧的期待。

人生总是有灾难。其实大多数人早已练就了对灾难的从容，我们只是还没有学会灾难间隙的快活。我们太多注重了自己警觉苦难，我们太忽视提醒幸福。请从此注意幸福！幸福也需要提醒吗?

提醒注意跌倒……提醒注意路滑……提醒受骗上当……提醒宠辱不惊……先哲们提醒了我们一万零一次，却不提醒我们幸福。

也许他们认为幸福不提醒也跑不了的。也许他们以为好的东西你自会珍惜，犯不上谆谆告诫。也许他们太崇尚血与火，觉得幸福无足挂齿。他们总是站在危崖上，指点我们逃离未来的苦难。但避去苦难之后的时间是什么?

那就是幸福啊!

享受幸福是需要学习的，当幸福即将来临的时刻需要提醒。人可以自然而然地学会感官的享乐，却无法天生地掌握幸福的韵律。灵魂的快意同器官的舒适像一对孪生兄弟，时而相傍相依，时而南辕北辙。

幸福是一种心灵的震颤。它像会倾听音乐的耳朵一样，需要不断地训练。

简言之，幸福就是没有痛苦的时刻。它出现的频率并不像我们想象的那样少。

人们常常只是在幸福的金马车已经驶过去很远后，捡起地上的金鬃毛说，原来我见过它。

人们喜爱回味幸福的标本，却忽略幸福披着露水散发清香的时刻。那时候我们往往步履匆匆，瞻前顾后不知在忙着什么。

世上有预报台风的，有预报蝗虫的，有预报瘟疫的，有预报地震的。没有人预报幸福。其实幸福和世界万物一样，有它的征兆。

幸福常常是朦胧的，很有节制地向我们喷洒甘霖。你不要总希冀轰轰烈烈的幸福，它多半只是悄悄地扑面而来。你也不要企图把水龙头拧得更大，使幸福很快地流失。而需静静地以平和之心，体验幸福的真谛。

幸福绝大多数是朴素的。它不会像信号弹似的，在很高的天际闪烁红色的光芒。它披着本色外衣，亲切温暖地包裹起我们。

幸福不喜欢喧嚣浮华，常常在暗淡中降临。贫困中相濡以沫的一块糕饼，患难中心心相印的一个眼神，父亲一次粗糙的抚摸，女友一个温馨的字条……这都是千金难买的幸福啊。像一粒粒缀在旧绸子上的红宝石，在凄凉中愈发熠熠夺目。

幸福有时会同我们开一个玩笑，乔装打扮而来。机遇、友情、成功、团圆……

它们都酷似幸福，但它们并不等同于幸福。幸福会借了它们的衣裙，袅袅婷婷而来，走得近了，揭去帏幔，才发觉它有钢铁般的内核。幸福有时会很短暂，不像苦难似的笼罩天空。如果把人生的苦难和幸福分置天平两端，苦难体积庞大，幸福可能只是一块小小的矿石。但指针一定要向幸福这一侧倾斜，因为它有生命的黄金。

幸福有梯形的切面，它可以扩大也可以缩小，就看你是否珍惜。

我们要提高对于幸福的警惕，当它到来的时刻，激情地享受每一分钟。据科学家研究，有意注意的结果比无意要好得多。

当春天来临的时候，我们要对自己说，这是春天啦！心里就会泛起茸茸的绿意。

幸福的时候，我们要对自己说，请记住这一刻！幸福就会长久地伴随我们。那我们岂不是拥有了更多的幸福！

所以，丰收的季节，先不要去想可能的灾年，我们还有漫长的冬季来得及考虑这件事。

我们要和朋友们跳舞唱歌，渲染喜悦。既然种子已经回报了汗水，我们就有权沉浸幸福中。不要管以后的风霜雨雪，让我们先把麦子磨成面粉，烘一个香喷喷的面包。

所以，当我们从天涯海角相聚在一起的时候，请不要踌躇片刻后的别离。在今后漫长的岁月里，有无数孤寂的夜晚可以独自品尝愁绪。现在的每一分钟，都让它像纯净的酒精，燃烧成幸福的淡蓝色火焰，不留一丝渣滓。让我们一起举杯，说：我很幸福。

所以，当我们守候在年迈的父母膝下时，哪怕他们鬓发苍苍，哪怕他们垂垂老矣，你都要有勇气对自己说：我很幸福。因为天地无常，总有一天你会失去他们，会无限追悔此刻的时光。

幸福并不与财富地位声望婚姻同步，这只是你心灵的感觉。

所以，当我们一无所有的时候，我们也能够说：我很幸福。因为我们还有健康的身体。

当我们不再享有健康的时候，那些最勇敢的人可以依然微笑着说：我很幸福。因为我还有一颗健康的心。甚至当我们连心也不再存在的时候，那些人类最优秀的分子仍旧可以对宇宙大声说：我很幸福。因为我曾经生活过。

常常提醒自己注意幸福，就像在寒冷的日子里经常看看太阳，心就不知不觉暖洋洋亮光光。

无形容颜

除了蒙面匪，我们向人时都有一副容颜，或姣或陋，此乃上天与父母合谋的奉送。它像一件不是自主选定的商品，无处退换，不论满意与否，都得义无反顾地佩戴下去，还需忍受它的褪色与破旧，直至与身俱灭。虽说整形与美容术，可使某些乏善可陈的相貌，得到部分修理订正，但从根本上讲，我们的脸，都是造化随机奉送的礼物，绝非不喜欢就可轻易扒下，再换一张新品的卡通画片。

然而事情又有些怪异，按说千人千面，绝不雷同，但每逢分手之后，我追忆熟悉的朋友或新结识的诸色人等，他们的脸往往如淋了雨的泥娃娃，五官模糊成团。心屏上浮起的只是一汪暗影，好像柏油路上水渍洇开的油迹，朦胧浮动，难以界定。淡去的眉眼缩略简化成某种符号——亲切或是寒冷的感觉，温馨或是漠然的情致，和谐或是嘈杂的音调。或许干脆涌出一片颜色：柔润的夕阳红，华贵的荸荠紫，神秘的宇航灰或污浊的狗尾巴黄。更多的时候，一提到某个名字，与之相关的那张具体的脸，仿佛突然被巨型消字灵涂掉，代之一股情绪的云雾，或愉悦或厌倦，弥漫心头。

早先以为自己有残，脑里专管录像的那一部分遭了虫蛀，成了破包袱皮，再也包裹不住有关相貌的记忆。后来年事渐长，与人交流，才知天下有这等恍惚毛病的人颇不少。方明白人的脸，乃是一个变数。

眼光直接注视的时候，对方的眉目自然是清晰的。可惜心灵的感光，基本上是一次成像不保存底片，加上懒散，有形的面容一旦撤离视野，记忆就清理屏幕，大而化之地分门别类，一一归档。人的有形容貌，无法恒久烙下记忆，卷宗收留的只是提炼过的印象。

世上资产，分为有形和无形。无形资产的定义，我以为是指超出物质的实际价值，由于你卓越的努力，在人们心目中形成的信任——简言之，它是你的名字进入他人耳鼓时，呼唤起的一种美好感情。

摈除其中的商业因素，对于人的容颜来说，或可借用这个概念。

脸后有脸。

上天赋予我们的——端正或歪斜的眉眼，粗糙或光滑的皮肤，颀长或愚笨的身材，完整或残缺的四肢……均是我们有形的容颜。每个人后天创造发展的性格品行能力，属于你的无形容颜。

无形脸有正负之分。一个人只有美丽的外表，却没有相应的内在质量，初次结识时秀丽外形所留下的愉悦印象，犹如沙上之塔，很快便会被残酷的现实潮水冲刷得千疮百孔。无形容颜的毁灭，像一场精神天花，人际关系一旦被传染，犹如多米诺骨牌訇然倒塌。从此提起你的时候，人们会遗憾甚或恼怒地说，那个人啊，金玉其外，败絮其中。

无形脸不会衰老。只要我们浇灌慧根，磨砺意志，拓展胸臆，它便会从幼年开始，如同花树一般渐渐生长。直至轮廓分明，明眸皓齿，青丝不老，慈眉善目……岁月流逝，沧海桑田，但在欢喜你亲近你的眼光中，你所留下的形象始终如一，引起的感觉永恒温暖。比如远行的双亲，纵使白发苍苍，在儿女们心中，依旧盛年音容，丰采卓然。

我们习惯以思为笔，在心灵之纸上勾勒众人容貌。它和古时衙门的“画影图形”不同，与真实的形象已无关联，只对真实的情感负责。无形容貌是想象和判断的产物，摒弃工笔，重在写意。它缥缈着，却比分毫不差的实照，具有更持久更猛烈的魅力。

无形脸可以美丽也可以丑陋，能怒火中烧也能垂头丧气，会神采奕奕也会惨淡无光。无形容颜的营造，也像一门古老的手艺，师傅领进门，修行在个人。如果你背信弃义，无形脸的画布上，就留下贼眉鼠眼的一笔。如果你阿谀奉承，画布上就面色萎黄。如果你恃强凌弱，画布上就口眼歪斜。如果你居心叵测，画布上就血盆大口。如果你聪慧机警，画布上就眉清目秀伶牙俐齿。如果你襟怀坦荡，画布上就有浩然正气流注天庭。

我们对有形的容颜可以心平气和，随遇而安。对无形的容颜却要惨淡经营，精益求精。有形的容颜可以有疵而不堕青云之志，无形的容颜不能肮脏受伤而无动于衷。

有形的脸可存不完美，无形的脸必得常修炼。

珍惜每个人的无形脸，它是品德签发的通行证。凭着优雅忠诚的无形容颜，我们可以在萍水相逢的一瞬，遭遇千金难买的信任，转危为安。我们可以在旋转的大千世界，找到志同道合的朋友，共赴天涯。

莺鸟与铁星

在南太平洋的岛屿中，飞翔着一种有着动听鸣叫的美丽小鸟，叫作莺鸟，它们长着形色各异的喙。岛屿上物产丰富的日子，莺鸟们靠吃多种草籽为生，活得优哉游哉。但是，饥馑来了。干旱袭击了岛屿，整个大地好像是刚刚凝固的炽热火山，赤红的土地，看不到一丝绿色。科学家找到一些从前研究过的莺鸟，它们的腿上拴着铁环。观测结果，发现莺鸟们的体重大减，挣扎在死亡线上。

原因是食物奇缺，能吃的都吃光了，唯一剩下的是一种叫作蒺藜的草籽，它浑身是锋利的硬刺，锐不可当。在深深的内核里隐藏的种仁，好像美味的巧克力封死在铁匣中。蒺藜还有一个名字叫作铁星，象征着难以攻克。拉丁文的意思是“挤压和疼痛”。

莺鸟用自己柔弱的喙，啄开一粒铁星，先要把它顶在地上，又咬又扭，然后顶住岩石，上喙发力，下喙挤压，直到精疲力竭才能把外壳拧掉，吃到活命粮草。

岛上开始了残酷的生存之战。没有刀光剑影，唯一的声音就是嗑碎蒺藜的噼啪声。很多莺鸟饿死了，有些顽强地生存下来。科学家想，生和死的区别在哪里呢？

经过详尽研究，喙长 11 毫米的莺鸟，就能够嗑开铁星，而喙长 10.5 毫米的莺鸟，就望“星”兴叹，无论如何也叩不开生命森严的大门。

0.5 毫米之差，就决定了莺鸟的生死存亡。在丰衣足食的时候，一切都被温柔地遮盖了，但月亮并不总是圆的，事物的规律跌宕起伏。

我猜想，那些饿死的莺鸟在最后时分，倘能思索，一定万分后悔自己为什么没能生就一枚长长的利喙！短喙的莺鸟，是天生的，它们遭到了大自然无情的淘汰。但人类的喙——我们思维的强度，历练的经验，广博的智慧，强健的体力，合作的风采，幽默的神韵……却是可以在日复一日的积累中，渐渐地磨炼增长，成为我们度过困厄的支柱。

你我的记忆

在我们的身体里面，居住着某些连我们自己都莫名其妙的客人——记忆。没有人能说清楚记忆是从什么时间开始驻扎进来的，它们比江河的源头还要难以寻找。长江源是一些翻滚的水泡，好似透明的蝼蛄钻出地表，记忆的源头是什么呢？是一些鲜艳同时支离破碎的毛线团，五彩杂糅，有一种喜洋洋的生命力。顽强的记忆耐酸碱和腐蚀，岁月无法将它们漂洗。

我们为什么会对某人一见钟情？我们为什么热爱一份他人无法接受的工作？我们为什么对某些事物滋生厌倦？我们为什么会在某种场合不可理喻？我们爱恨的理由是什么？……

凡此种种心灵的奥秘，都和记忆有着千丝万缕的关联。

记忆是人体中最不服从命令的一位世袭的将军，相信很多人在求学考试之时，都有惨痛印象。记忆顽皮，不知暗中遵循的是何种规律，有些事件，一点也不重要，可它偏偏就记得镂骨蚀魂，连当时的一声蝉鸣一朵浮云，都毫发不爽。不良的情绪，好像一袋携带终身的垃圾，即使你把它埋葬在潜意识里，但它如古尸的指甲，依然锋利。有些极为重要的瞬间，你不停地对自己说，记住它记住它，万万不能忘啊！可惜，记忆常常充满阴谋地背叛你。

重复多少次，人就可以记住某些事物了呢？这可能是人类永远的秘密了。但在实际生活中，好像很有一些人是掌握了这个谜底的。比如，老师罚小学生把某个字词书写多少遍……他的理论基础就是以为重复会有奇效。又比如，那些撒谎的人，可能也相信口吐白沫就能潜入他人的记忆。还有热恋当中的爱人，一遍又一遍地重复“我爱你”……想来也是不很明了记忆神鬼莫测的品格。

比起记忆的存在，记忆的销蚀更是不可捉摸。我在雪山服兵役时，认识一位搞保密工作的参谋。他一贯很忙，不苟言笑，步履匆匆。后来突然就散淡起来，四处逛着，抱着手，没事就找别人侃聊。聊到山穷水尽时，众人都无反应了，他还挑起新的话题，后来人们见了他就要躲着走。我问他，嗨，你还有没有什么正经事要做啊？他说，我做的事是再正经没有的了。我说，你一天究竟干什么呢？他说，我干的事就是不干什么。我说，天下还有这样舒服的工作吗？他说，这是工作，可是并不舒服，因为我要干的事，就是忘记。我说，忘记，也配叫一种工作吗？他说，忘记这件工作比什么事都难办呢。我以前知道很多秘密。我现在要转业了，我就要把以前的都忘记。我拼命地找别人谈话，是想加速这个过程。这就好比要在一张写满了铅笔字的纸上，再写满钢笔字，这样以前的字迹就看不清了。完全遗忘后，我就可以到新的岗位去了。

我说，你什么时候才能知道自己已经忘记了呢？

他苦笑了一下说，当我专注于忘记的时候，我就比什么时候都记得更清楚。

是的，我们都有这样痛不欲生的经验。当我们越想忘记一件事情的时候，其实反倒是把它放到记忆的密码箱里面了。这种时刻非常常见，同时也是非常倒霉。事情一进入了这样的恶性循环，几乎就是记忆的癌症了。那些我们期待忘却的记忆，甚至在幽暗的骨灰匣子里，依旧像一块冥顽的弹片熠熠闪光。

记忆不属于生理，记忆是心理的。我们的历史，就是我们的记忆。丧失记忆，将不知道自己是谁。经验就是一种心理记忆。当遭遇陌生的境遇和挑战，我们飞快地检索，以期从记忆中找到可资借鉴的经验。感情，更是心理记忆的无价之宝。童年是记忆的滥觞之地。无论走到哪里，哪怕一无所有，因为有记忆，我们就不孤单。我们的知识，更是我们的记忆了。我们的友谊，也是记忆。没有记忆的友谊，是现代社会人际交往中的速食面，蜷曲着，散发着防腐剂的可疑味道。情感的温暖和光芒，都浓缩在记忆里面，在寒凉中弹射出金色。

记忆又是独立的。它刚直不阿，不卑躬屈膝。它兀自地游走着，不看任何人的脸色，不顾忌世态炎凉。有些人企图修改自己的记忆，但你骗得了别人，骗不了自己。记忆在重重的谎言覆盖之下，依然保持着耿直生命的姿态，等待着复苏的时候。甚至由于这种压迫，它更清醒和更明晰了。在人所具有的所有功能之中，记忆有一种我们尚不能完全明了的强硬品格。即使是一个懦弱而充满欺诈的人，我依然相信，在他大脑的极地下，活着晴朗的记忆苔藓。它们无法长成大树，但它们有着灰绿色的生命。

记忆是诚实的。如果没有一个快乐的童年，你不可能回到从前，涂抹粉红的颜色。你需要接纳你的记忆，如同接纳你与生俱来的一切。

由于记忆的这种非凡的品格，所以，世界上很多罪恶，都是为了和记忆作对才产生的。为了对抗痛苦和迷惘，人们酗酒吸毒沉迷于种种感官的刺激。记忆丧失，是很可怕的事情。我们爱什么恨什么，喜欢什么厌恶什么，都是由我们的记忆组成的，甚至可以说是由我们的记忆控制的。记忆是我们的无冕之王，记忆是我们体内的暴君。记忆主宰着我们却又不动声色。当我们以为自己是在书写新的篇章的时候，记忆在一边暗笑。所有草稿早已打好，你不过是在一字一词地誊清。

我们活在我们的记忆里。这是一个事实。这个事实，让我们对我们的记忆肃然起敬，又心生畏惧。我们的记忆是隐形的，又是无所不在的。我们的记忆是柔软的，又是钢铁般坚硬的。记忆这个东西，大相无形地左右着我们，又销声匿迹满脸无辜。

心理的记忆是无法修改的，只有重组。重组不是覆盖记忆，只是对某一特定的记忆有了新的解释。记忆是需要解释的，记忆只是一个事实。对一个司空见惯的事实，有着怎样的解释，是沉迷往事还是奋起向前的分野。

我们的记忆，不仅仅是属于每位自己的。也就是说，它不但是我这个生命存在的期间的产物，而且在我出生以前很久的势态，也深刻地影响着我的记忆。这种集体无意识，弥散在周围的空气里，分散在文化的颗粒中，被我融入自己的血液，流过生命的过程。

有一部分记忆改头换面，潜藏在心灵的地下室。它们可以沉睡多年，却不会永远甘于寂寞。当它们一旦释放出来，那可怕的能量滚滚而下，摧枯拉朽淹没一切。那时候，我们是记忆的主人，又是记忆的奴隶。在饱受记忆惠泽的同时，也会领教它出其不意的危害。记忆伴随着情感。没有情感的记忆是不牢靠和不持久的。情感是记忆的盐。机械的记忆是枯燥和干瘪的，它们轻飘飘的极易随风而逝。伴随情感的记忆是饱满和长着触角的，它们灵动地滑翔着，无数的联想就如同萤火虫似的聚拢过来。当我们以为自己是在创新的时候，其实只不过是记忆发生了新的组合，一些原本酣睡的记忆跳起了圆舞曲，它们如同万花筒内的玻璃晶，勾搭粘连，幻化出了莫测的图案。

如此说来，记忆既是古老的妖婆，也是婴儿的产床。记忆是兼容并蓄又是一意孤行的。人类至今无法操纵自己的记忆，这是遗憾也是福气。人类在遗忘中筛选自己最宝贵的一切。记忆特立独行的品格，是人类良知最后栖居的湿地。这里飞翔着黑白天鹅也潜伏着毒虫。

我们了解自己的记忆吗？唔，不了解。我们看不到它，只能看到它飞过天空的影子。我们由它组成，受它役使。它是国王又是仆人。它时而懒惰异常时而又伶俐无比。试问还有什么比优异的记忆力更令人羡慕的？那不仅仅是一种天赋，更是学历和坦途的保修证。还有什么比丧失记忆力更令人恐惧的？那不仅仅意味着人将混同于一株植物，更是怜悯和被抛弃的代名词。记忆就这样君临人类的天下，让我们在它的石榴裙下臣服。

当你为什么热泪盈眶，为什么沉默不语，为什么拔刀相助，为什么长夜无眠……凡此种种，都是你的心理记忆浮出海面的时候。搜索海下那庞大的坚冰，是你永远的工作之一。

心境防割

旅游的时候认识了一对夫妻，职业是制作防割手套。我问，这手套坚硬到何种程度呢？他们笑而不答，说回到北京后你到我们那里参观一下就知道了。

第一眼晤见防割手套，平凡到令人垂头丧气。和普通车工钳工戴的白线手套没有任何区别，如果一定要找到不同，就是价钱要贵出很多。也许看出了我的不屑，男主人抽出一把寒光四射的匕首握在手中说，你戴上手套，然后，来夺我的刀。细端详，那刀尺把长，尖端像西班牙人的鞋子弯弯翘起，开了刃，血槽深深。我胆战心惊道这刀可以杀死一头恐龙了，不敢。他又说，要么我戴上手套，请你来割我吧。我说，那干脆就滑到了犯罪边缘，本人奉公守法，恕我也不能从命。他无奈，只有亲戴手套，自己来割自己了。

戴上防割手套的左手有些臃肿，右手执刀杀气腾腾。晶光闪烁长刃劈下的那一瞬，我骇得紧闭了眼睛。等到哆哆嗦嗦打开眼帘，以为看到的是皮开肉绽血花翻飞，不想雪白的左手套上，只有一道淡淡的痕。主人优雅地舒了几下掌，如同少妇的额头被抹上了速效去皱霜，痕迹很快就平复了。

大觉神奇，不由得一试。戴上手套，用刀锋在指掌上反复切割，先轻后狠。那真是一种奇妙的感受，你能感觉到薄刃的锋芒和杀伐的重量，然而它却如溪水掠过毫发无伤。主人告诉我，看似普通的棉纱里，捻进了 500 根高弹钢丝。临走的时候，主人送我一副防割手套，笑道，从此你可空手夺刃了。

感叹防割手套的神奇，不由得想道：倘加上十倍百倍之量，用千万根钢丝织就一件背心，披挂在身便心硬如铁了。再没有什么情感的剑戟能刺穿出血洞，再没有什么理智的矛斧能劈裂成沟壑。享有一颗风雨无摧刀枪不入的心，岂不万般惬意！

有一段时间，我出门书包里常带着防割手套，期望着碰上一个行凶的歹徒，冲出去见义勇为又保全须全尾。然世事虽纷杂运气却太平，梦想竟无法成真。坚固的防割手套渐渐蒙尘，如同骁勇的大将空白了少年头。终有一天，我在乡下干活的时候，想到委它以新任。花圃中月季正香艳，这是最渴望修剪的花卉。此花盛开之后如不从瓣下第三分岔处刈除，就会花渐小香渐远魅力大失。只是那些月季的锐刺尽忠职守，如同美女的贴身保镖虎视眈眈。我手笨，每一回都被扎得十指痛痒。

连刀剑都能阻挡，还怕小小的荆棘吗？我戴上防割手套，所向披靡地抓起了月季花茎。顿时，双手像被蜂群包围，数不清的小刺同时扎入肌肤。慌乱摘下手套查看，七八处鲜血淋漓，实为我充任业余园丁以来损失最惨痛的一次。

原来，这特制手套能够防止长刀短剑的切割，却并不能阻止细小毛刺的揳入。钢丝绞接的缝隙是小针出入自由的高速路。

那天，我贴着大约10张创可贴完成了剪枝工作，一边挥舞园艺剪一边想，悲哀啊，看来十万根钢丝也无法保证我们的心境不受损毁。更不消说，人是不能每时每刻都裹在钢丝里面的。那样我们将丧失对人间百态的灵敏触碰和对风花雪月赏心悦目的叹息。

你想葆有你对世界的好奇和快乐吗？你必须除去心的伪装，敞开你的心扉。心必将一生裸露着，狂风为她梳洗，暴雨为她沐浴。心没有蓑衣，也没有斗笠。心会受伤，心也会流血，这就是心的功能啊。

把心藏在钢铁中，且不说钢铁也是有缝隙的，就算心境防割，心再也不能活泼地游弋，那才是心最大的哀伤呢。关于这种悲惨的境况，古语中有一个恰如其分的词，叫作

“心死”。

一个心理健康的人，心可以流血，自己就能撕下衣襟止血；心可以撕裂，自己能够飞针走线地缝合。他可以有累累的创伤，更会有创伤愈合之后如功勋章般的痕迹。

幸福的镜片

现今家庭，有些简直成了情绪火葬场。一位女友说，先生在外面笑眯眯，人都赞脾气好，可回到家里，满脸晦气，令人沮丧。女友恼火地抗议，你不要金玉其外，轮到自家人时，却像八大山人笔下的鱼鹰，白眼球多，黑眼球少。先生立即反驳道，人又不是仪器，不可能总调整在最佳状态。发愁的时候，懊恼的时候，垂头丧气的时候，你让我到哪里撒火？和领导吵吗？不敢抗上。和同事争吗？来日方长，得罪不起。在公共汽车上和不相干的人口角吗？人家招你惹你了？那不是伤及无辜，太不五讲四美了嘛。女友说，我是你亲人，却经常看你黑脸，你这不是残害忠良吗？先生说，家是最隐蔽最放松的场所，一个人若是在家里都不能扒下面具，赤裸裸做人，那才是大悲哀。我阴沉着脸，并非对你恶意，只是情绪病了。你装聋作哑好了，不必同我一般见识。有什么不中听的话，并非针对你，只是宣泄独自的郁闷。如果你爱我，就请原谅我的种种真实……

女友困惑地说，人怎么能把家庭当作消化情绪的垃圾场？这样下去，谈何幸福?!

我倒以为幸福的家庭，不妨成为回收情绪垃圾的炼炉。将成员的种种不快以至愤慨忧愁苦恼悲凉……都虚怀若谷地包容下来，然后紧闭炉门，不再泄漏。让那炉中真火慢慢熬炼，直到怨气焚化成白色无害的灰烬，随风飘逝，不见踪影。

这事说起来简便，实施的时候，却很易失控。人在家居，心不设防，就像没打过麻疹疫苗的小儿，对情绪缺少抵抗力。一旦心境恶劣，极易传染他人。又因至爱亲朋，血脉相通，结果一人发火，污染全体，大家受难。很多原本是外界的小风波，最后演成家庭的全武行。

好的家庭要有丝网般的过滤功能。快乐的幸福的消息，如高屋建瓴，肥水快流，多拉快跑，让佳音火速进入所有成员的耳鼓。忧郁的不幸的消息，只要不关急务，便遮掩它，蹒跚它，让时间冲刷它的苦涩，让风霜漂白它触目惊心的严酷。

好的家庭是会变形的镜片，能发生奇妙的折射。凸透使视物变大，凹透让东西变小。如果是愉快的源泉，哪怕只是夫妻间的一个手势，孩子捧出的一杯清水，远方朋友的一个问候，陌生人的一个祝福……都应透过放大镜，使它纤毫毕现，华光四射。让一朵杜鹃，蔓延出一片火红的山谷。让一个口哨，轰响成一部辉煌的乐章。从一片面包，憧憬出今后日子的和美丰足。携一缕春风，扩展成融融暖意，铺满整个家庭空间。

如果是苦难和灾异，比如亲朋远逝，祸起萧墙，泰山压顶，骤雨狂风……降临的种种天灾人祸，经了家庭镜片的折射，都应竭力缩小它的规模——淡化压力的强度，软化尖锐的硬度，衰减振荡的烈度，压缩波及的范围，控制哀痛的伤害，截短作用的时间……让家人在家的庇护下，惊魂甫定，休养生息，疗治创口，积聚新力，重新敛起生活的勇气。

这是否澳洲鸵鸟的战术，一厢情愿？我想明晰的镜片和浑黄的沙砾有原则区别。无论喜讯还是噩耗，通过家庭镜片的折射，它们未曾消失，依然健在，改变的只是外界事物作用于我们的感觉。

放大欢乐，缩小痛苦，这就是幸福家庭的奇妙镜片功能。

佑护灾难中的孩子

一位年轻的母亲，抱着三岁的女儿，乘坐长途汽车。旷野的高速公路上突然起了浓雾，气团包抄过来，好像牛奶翻滚。司机就把车靠在紧急停车带，耐心等待。过了许久，雾渐渐稀薄些，为了赶时间，司机就上路了。雾大，管理站封锁了高速公路，路面上几乎没有一辆车。司机就很放心地加快了速度。惨案就在此时发生。当司机发现前面有一辆货车抛锚时，尽管把刹车全力踩死，客车车头还是拱入了货车车厢。

货车上满载着的钢筋，在客车巨大的惯性之下，化成锋利的长矛，将客车前三排座位齐刷刷戳透，无数鲜血喷溅而出……

那位抱着孩子的母亲，当场死了。也许是生命的本能，也许是冥冥中的神灵指点，总之在那电光石火的恐怖刹那，母亲把女儿猛地往下一压，一根钢筋擦着小姑娘的头皮刺了过去，小女孩连一根头发都没有伤着。

客车停住了，后排座位上幸免于难的人们，在庆幸自己命大的同时，竭力抢救着前排的乘客。

听人说，那三岁的小姑娘，爬起来仔细地看了看自己的母亲，对别人说的第一句话是——我妈妈流了这么多的血，她死了。

她默默地看着人们翻动妈妈的尸体，过了一会儿，当人们放弃抢救的希望，抱起孩子时，听到她清清楚楚地说的第二句话是——我妈妈死了之后，我不要后妈。

给我转述这个悲剧的朋友发着感慨：你看看如今的孩子，真是小精灵！当时就知道她妈妈死了，也不哭。然后马上就想到了后妈的事，心眼可真多啊！都是看电视学来的。大伙听说了，都不信这么大的孩子，就这么能琢磨。有的人不信，后来见了面就当场试验。问那孩子，你知道发生了什么事吗？

我说，那孩子是怎么回答的呢？

朋友说，还真像别人学的那样，你一问，那小姑娘就说，我妈流了好多好多血……一下子就死了……我听见头顶上轰的一声……我不要后妈……

我说，后来呢？

后来问的人太多了，小姑娘好像觉出了什么，就不说了。

什么都不说，充满仇恨地看着你。

我说，事件怎么处理的？

朋友说，客车和货车打官司，都说对方的责任大。死者家属不让火化尸体，人就一直在冰柜里冻着。为了催促解决，死者家属联名上访，拖家带口地集体告状……

我焦虑地问，在大家做这些事的时候，那个小姑娘在哪儿呢？

朋友说，她在哪儿？她还能在哪儿？当然是跟着她爸爸了。大伙说什么，她就听着呗。上访的时候，大伙教她跟领导说，要是不赔我们家钱，就不把我妈妈从冰柜里拉出来。

我说，小姑娘说了吗？

朋友说，她说了啊。她爸、她姥姥姥爷、爷爷奶奶都让她这么说，她哪能不说啊。你还别说，这孩子一出动，哀兵动人，就是管事。领导当时就批了——从厚抚恤。家里人领了一笔钱，后事就办了。

我说，后来呢？

朋友说，还有什么后来？后来就一切都结束了呗！该上班的上班，该上学的上学，各就各位。

我说，那个小姑娘呢？

朋友说，不知道。可能一切都好吧。

我的心，被搅得深深不宁。直觉告诉我，绝不是一切都好！在那个女孩身上，发生了巨大的断裂和混乱。

我相信那个聪慧过人的小姑娘，会对她三岁时经历的这一惨案，留下刻骨铭心的记忆。

也许她会遗忘，忘得一干二净。从此，不记得那喷溅流淌的滚烫鲜血，那呼啸而过的恐怖之声，那骨肉横飞的悲惨场面，那被人传授的鹦鹉学舌……这些悲怆的恐惧和无与伦比的失落，被人体的本能的保护机制，不由分说地压入了混沌的潜意识。

一片空白。因为这种猛烈的负面刺激，已远远超过了一个幼童的心灵所能承载的负荷。然而，空白之下，依然汩汩地流淌着不息的血流。未经妥善处理的哀痛，绝不会无声无息地消解。它们潜伏在我们心灵的最底层，腐蚀着风化着灵魂的基石，日日夜夜睁着一只怪眼，折磨着我们永无安宁。

也许她什么都记得，但她什么都不说。对一个孩子来说，顿失母爱，是多么严酷陡峭的跌落！没有人能够替代母亲温暖的怀抱，没有人能够补起塌陷的太阳。孩子的世界，在这一瞬永远地变了颜色！从此，她沉默寡言，自卑自弃或是自怜自恋，她怨天尤人，不能从容接受别人的爱，也不能慷慨施与他人以爱，乖戾暴躁喜怒无常……世上游荡着一个冷漠孤寂的独影，到处洒下点点凄苦的清泪或是——永不流泪。

当然，事情也许会有另外的可能性，但我不敢盲目乐观。

上述的发展趋势，并非危言耸听。我们曾在无数成人的心理障碍中，看到幼年不幸的浓重阴影。

天灾人祸之中，谁是最痛楚的受难者？是失去丈夫的妻子还是失去妻子的丈夫？是失去子女的父母还是失去父母的子女？

这样的比较，也许最终是无法完成的，旋涡中的每一个人都椎心泣血。但我还是要说，那个三岁的女孩，是最最需要佑护的人啊！

因为她稚弱，因为她敏感，因为她聪慧，因为她是惨案的最近目击者，因为她的心灵是一朵刚刚孕育的蓓蕾。

也许她的身上没有血痕，但我知道，她的心被洞穿。也许她的神经没有折断，但我知道，她的大脑激烈震荡。也许她的视力依然完整，但我知道，她的眼前出现了拂不去的昏暗。也许她的呼吸并不困难，但我知道，她的灵魂一次次地窒息……

我由此呼吁，在一切灾难的现场，我们不但要在第一时间，全力救助孩子身体上的创伤，而且要最大限度地保护他们稚嫩的心灵。尽快地将他们从恐怖的现场抱离，给他们以温暖的安全的庇护。不要诱发他们对悲惨处境无休止的回忆，不要出于成人的功利目的，将未成年人拉入处理后事的复杂局面。要由训练有素的人员，对突发灾难中的孩子，进行系统的医救和后续的治疗……

我不知那个三岁的女孩，现在何处。我希望她的家人能给予她无尽的关爱。我希望她能从悲怆中站起，我希望她安宁享有明媚的人生。

人可以最大限度地逼近真实

朋友给我讲过这样一个故事。

他祖父小的时候，很聪明，也很有毅力，学业有成，正欲大展宏图之际，曾祖将他叫了去，拿出一个古匣。对他说，孩子，我有一件心事，终身未了。因为我得到它们的时候，一生的日子已经过了一半，剩下的时间，不够我把它做完了。做学问，就要从年轻的时候着手，我要是交给你一件半成品，不如让你从头开始。

原委是这样。早年间，江南有一家富豪，酷爱藏书。他家有两册古时传下的医书，集无数医家心血之大成，为杏林一绝。富豪视若珍宝，秘不传人，藏在书楼里，难得一见。后来，富豪出门遇险，一位壮士从强盗手里救了他的性命，富豪感恩不尽，欲以斗载的金银相谢。壮士说，财宝再多，再贵重，也是有价的。我救了你，你的命无价。富豪说，莫非壮士还要取了我的命去？壮士大笑说，我不是要你的命，是想用你的医书，救普天下人的性命。富豪想了半天，说，我可以将医书借给你三天，但是三日后的正午，你必得完璧归赵。说罢，命人从嵯峨的木制书楼里，将饱含檀香气味的医书，捧了出来。

壮士得了书后，快马加鞭急如星火地赶回家，请来乡下的诸位学子，连夜赶抄医书。书是孤本，时间又那样紧迫，荧荧灯火下，抄书人目眦尽裂，总算在规定时间之内，依样画葫芦地描了下来。壮士把医书还了富豪，长出一口气，心想从此以后，便可以用这深锁在豪门的医学宝典，造福于天下黎民了。

谁知，抄好的医书拿给医家一看，才知竟是不能用的。医家以人的性命为本，亟须严谨稳当。这种在匆忙之中由外行人抄下的医方，讹脱衍倒之处甚多，且错得离奇，漏得古怪，寻不出规律，谁敢用它在病人身上做试验呢？

壮士造福百姓之心不死，急急赶回富豪家。想晓以大义，再请富豪将医书出借一回，这一次，请行家高手来抄，定可以精当了。当他的马冷汗涔涔到达目的地时，迎接他的是冲天火光。富豪家因遭雷击燃起天火，藏书楼内所有的典籍已化为灰烬。

从此这两册抄录的医书，就像鸡肋，一代代流传了下来。没有人敢用上面的方剂，也没有人舍得丢弃它。书的纸张黄脆了，布面断裂了，后人就又精心地誊抄一遍。因为字句的文理不通，每一个抄写的人都依照自己的理解，将它订正改动一番，闹得愈加面目全非，几成天书。

曾祖的话说到这里，目光炯炯地看着祖父。

祖父说，您手里拿的就是这两册书吗？

曾祖说，正是。

祖父说，您是要我把它们勘出来？

曾祖说，我希望你能穷毕生的精力，让它死而复生。但你只说对了一半，不是它们，是它。工程浩大，你这一辈子，是无法同时改正两本书的。现在，你就从中挑一本吧。留下的那本，只有留待我们的后代子孙，再来辨析正误了。

祖父看着两本一模一样的宝蓝色布面古籍，费了斟酌。就像在两个陌生的美女之中，挑选自己终身的伴侣，一时不知所措。

随意吧。它们难度相同，济世救人的功用也是一样的。曾祖父催促。

祖父随手点了上面的那一部书。他知道从这一刻，这一个动作，就把自己的一生，同一方未知的领域，同一个事业，同一种缘分，紧紧地粘在一起。

好吧。曾祖把祖父选定的甲册交到他手里，把乙册收了起来，不让祖父再翻。怕祖父三心二意，最终一事无成。

祖父没有辜负曾祖的期望，皓首穷经，用了整整半个世纪的时间，将甲书所有的错漏之处更正一新。册页上临摹不清的药材图谱，他亲自到深山老林一一核查。无法判定成分正误的方剂，他采集百草熬药炼成汤，以身试药，几次昏厥在地。为了一句不知出处的引言，他查阅无数典籍……那册医书就像是一盘古老石磨的轴心，天文地理古今中外，凡是书中涉及的知识，祖父都用全部心血一一验证，直至确凿无疑。祖父的一生围绕着这册古医书旋转，从翩翩少年一直变作鬓发如雪。

按说祖父读了这许多医书，该能成为一代良医。但是，不。祖父的博学只为那一册医书服务，凡是验证正确的方剂，祖父就不再对它们有丝毫留恋，弃而转向新的领域探索。他只对未知事物和纠正谬误有兴趣，一生穷困艰窘，竟不曾用他验证过的神方，医治过病人，获得过收益。

到了祖父垂垂老矣的时候，他终于将那册古书中的几百处谬误，全部订正完了。祖父把眼睛从书上移开，目光苍茫，好像第一次发现自己已走到生命的尽头。

人们欢呼雀跃，毕竟从此这本伟大的济世良方，可以造福无数百姓了。

但敬佩之情只持续了极短的一段时间。远方出土了一座古墓，里面埋藏了许多保存完好的古简，其中正有甲书的原件。人们迫不及待地将祖父校勘过的甲书和原件相比较，结果是那样令人震惊。

祖父校勘过的甲书，同古简完全吻合。

也就是说，祖父凭借自己惊人的智慧和毅力，以广博的学识和缜密的思维，加之异乎寻常的直觉，像盲人摸象一般地在黑暗中摸索，将甲书在漫长流传过程中产生的所有错误，全改正过来了。

祖父用毕生的精力，创造了一项奇迹。

但这个奇迹，又在瞬忽之间，烟消灰灭，毫无价值。古书已经出土，正本清源，祖父的一切努力，都化为劳而无功的泡沫。人们只记得古书，没有人再忆起祖父和他苦苦寻觅的一生。

讲到这里，朋友久久地沉默着。

古墓里出土了乙医书的真书吗？我问。

没有。朋友答。

我深深地叹息说，如果你的祖父在当初选择的那一瞬间，挑选了乙书，结果就完全不一样啊。

朋友说，我在祖父最后的时光，也问过他这个问题。祖父说，对我来讲，甲书乙书是一样的。我用一生的时间，说明了一个道理，人只要全力以赴地钻研某个问题，就有可能最大限度地逼近它的真实。

祖父在上天给予的两个谜语之中，随手挑选了一个。他证明了人的努力，可以将千古之谜猜透。

这已经足够。

素面朝天

素面朝天。

我在白纸上郑重写下这个题目。夫走过来说，你是要将一碗白皮面，对着天空吗？

我说有一位虢国夫人，就是杨贵妃的姐姐，她自恃美丽，见了唐明皇也不化妆，所以叫……

夫笑了，说，我知道，可是你并不美丽。

是的，我不美丽。但素面朝天并不是美丽女人的专利，而是所有女人都可以选择的一种生存方式。

看看我们周围。每一棵树，每一叶草，每一朵花，都不化妆。面对骄阳，面对暴雨，面对风雪，它们都本色而自然。它们会衰老和凋零，但衰老和凋零也是一种真实。作为万物灵长的人类，为何要将自己隐藏在脂粉和油彩的后面？

见一位化过妆的女友洗面，红的水黑的水蜿蜒而下，仿佛洪水冲刷过水土流失的山峦。那个真实的她，像在蛋壳里窒息得过久的鸡雏，渐渐苏醒过来。我觉得这个眉目清晰的女人，才是我真正的朋友。片刻前被颜色包裹的那个形象，是一个虚伪的陌生人。

脸，是我们与生俱来的证件。我的父母，凭着它辨认出一脉血缘的延续；我的丈夫，凭着它在茫茫人海中将我找寻；我的儿子，凭着它第一次铭记住了自己的母亲……每张脸，都是一本生命的图谱。连脸都不愿公开的人，便像捏着一份涂改过的证件，有了太多的秘密。所有的秘密都是有重量的。背着化过妆的脸走路的女人，便多了劳累，多了忧虑。

化妆可以使人年轻，无数广告喋喋不休地告诫我们。我认识的一位女郎，盛妆出行，艳丽得如同一组霓虹灯。一次半夜里我为她传一个电话，门开的一瞬间，我惊愕不止。惨亮的灯光下，她枯黄憔悴如同一册古老的线装书。“我不能不化妆。”她后来告诉我，“化妆如同吸烟，是有瘾的。我已经没有勇气面对不化妆的我。化妆最先是为了欺人，之后就成了自欺，我真羡慕你啊！”从此我对她充满同情。

我们都会衰老。我镇定地注视着我的年纪，犹如眺望远方一幅渐渐逼近的白帆。为什么要掩饰这个现实呢？掩饰不单是徒劳，首先是一种软弱。自信并不与年龄成反比，就像自信并不与美丽成正比。勇气不是储存在脸庞里，而是掌握在自己手中。化妆品不过是一些高分子的化合物、一些水果的汁液和一些动物的油脂，它们同人类的自信与果敢实在是不相干的东西。犹如大厦需要钢筋铁骨来支撑，而绝非几根华而不实的竹竿。

常常觉得化了妆的女人犯了买椟还珠的错误。请看我的眼睛！浓墨勾勒的眼线在说。但栅栏似的假睫毛圈住的眼波，却暗淡犹疑。请注意我的口唇！樱桃红的唇膏在呼吁。但轮廓鲜明的唇内吐出的话语，却肤浅苍白……化妆以醒目的色彩强调以至强迫人们注意的部位，却往往是最软弱的所在。

磨砺内心比油饰外表要难得多，犹如水晶与玻璃的区别。

不拥有美丽的女人，并非也不拥有自信。美丽是一种天赋，自信却像树苗一样，可以播种可以培植可以蔚然成林可以直到地老天荒。

我相信不化妆的微笑更纯洁而美好，我相信不化妆的目光更坦率而真诚，我相信不化妆的女人更有勇气直面人生。

假若不是为了工作，假若不是出于礼仪，我这一生，将永不化妆。

常常爱惜

拾起一穗遗落在秋天原野上的麦芒时，我们心中会涌起一种情感……

当水龙头正酝酿着滴落一颗椭圆形的水珠，一只手紧紧拧住闸门时，我们心中会涌起一种情感……

当凝望宝蓝的天空因为浓雾而浑浑噩噩时，我们心中会涌起一种情感……

当注视到一个正义的人无力捍卫自己的尊严，孤苦无助的时候，我们心中会涌起一种情感……

人类将这种痛而波动的感觉命名为——爱惜。

我们读这两个字的时候，通常要放低了声音，徐徐地从肺腑最柔软的孔腔吐出，怕惊碎了这薄而透明的温情。

爱惜的大前提，是爱。爱是人类一种最珍贵的体验，它发源于深刻的本能和绵绵的眷恋。爱先于任何其他情感，轻轻沁入婴儿小而玲珑的心灵。爱那给予生命的母亲，爱那清冷的空气和滑润的乳汁。爱温暖的太阳和柔和的抚爱，爱飞舞的光影和若隐若现的乐声……

爱惜的土壤是喜欢。当我们喜欢某种东西的时候，就期冀它的长久和广大，忧郁它的衰减和短暂。当我们对喜爱之物，怀有难以把握的忧虑时，吝啬是一个常会首选的对策。我们会俭省珍贵的资源，我们会珍爱不可重复的时光，我们会制造机会以期重享愉悦，我们会细水长流反复咀嚼快乐。

于是，惜就在不知不觉中发生了。

当我们爱惜的时候，保护的勇气和奋斗的果敢也同时滋生。真爱，需用生命护卫。真爱，就会义无反顾。没有保护的爱惜，是一朵无蕊鲜花，可以艳丽，却断无果实。没有爱惜的保护，是粗粝和逼人的威迫，是强权而不是心心相印。

爱惜常常发生。在我们不经意的时候，打湿眼帘。

爱惜好比一只竹篮。随着人类的进步，它越编越大了。盛着人自身，盛着绿色，盛着地球上所有的物种，盛着天空和海洋。

假如我能活下去

“假如我能活下去，我还要写一本这么厚的书。”

张海迪对我说。

这本书——《轮椅上的梦》，整整32万字。作为同是参加全国青年作家会议的代表，我们在21世纪宾馆第十六层的一个房间促膝交谈。俯瞰夜色中的北京，烟雨蒙蒙，灯光璀璨。

张海迪身穿银灰色牛仔上衣，胸前绣着温暖的迎春花。下着黑色浅条纹西裤，肉色丝袜，小巧的黑皮鞋，鞋袜和裤腿，纤尘不染，因为她永远不能站起来。

原以为自己会看到一位轮椅上的贵族，花环和鲜花。但在这个凄清的夜晚，得以在咫尺之内观察张海迪，我那颗作为医生和女人的心，为之战栗。

在那些美丽而典雅的衣服之下，包裹着一具高位截瘫的躯体，只有第二胸椎平面以上才有感觉。打个残酷的比喻，张海迪实际上只是个半截人，像一座半身胸像。

海迪的妹妹小雪陪伴着她。小雪很高，我一米六八，她比我还高。小雪对我说，海迪出生时九斤重，幼年时高大而健康。看着轮椅上的张海迪，我心中黯然。无情的疾病将她拦胸砍断，并不罢休，似乎它想试一试，在这个孱弱的女性身上，究竟还蕴藏着多少力量。1991 年 1 月，张海迪在上海进行手术，被确诊为黑色素癌。

她的脸上，残留着手术后的巨大瘢疤，即使在灯光下，也很触目。她的手背上，有为了写作而磨砺出的茧子，厚硬如田间耕作的老农。

“假如我能活下去，我还要学西班牙语。”

张海迪对我说。

她已经通晓英、日、德、俄、朝鲜、世界语等六种语言。

“假如我能活下去，我还要办油画展。”

张海迪对我说。

她的手很美，这几乎是她身上唯一同健康人相似的部位。就是用这双手，她为孩子们理发，替姑娘们裁衣，给病人们扎针，写了八本书。

“假如我能活下去，我还要弹钢琴。”

一个又一个的计划，从张海迪苍白的嘴唇吐出来，像鸽群似的展开翅膀，飞往窗外广袤的夜空。

命运像一把悲壮的铁锤，击打着张海迪残缺的身体。她的意志在这铁与血的淬炼中，锻造得无比坚强。

只有一刻，她清澈的双眸蒙上凄凉："你有一个儿子，这多幸福……"她轻轻地说。

张海迪已经浓重地感觉到了死亡的阴影。在最后告别的"21 世纪文学之夜"的晚会上，她深情地对大家说："我给大家唱一支歌。假如有一天我不在了，希望你们能记住我的歌……"

她唱的歌的歌名是：好人一生平安。

海迪在给我的书上写道："亲爱的淑敏大姐留念，让我们更加热爱生活吧！"

海迪，我祝你永远平安！

冻顶百合

世界上有没有冻顶百合这种花呢？在我写这篇文章之前是没有的，虽然它很容易逗起一种关于晶莹香花的联想，其实是一个拼凑起来的蹩脚词语。

那一年到台湾访问，因为没有直航，在香港转机一路颠沛。清晨出发，抵达台湾土地时，已是深夜。待办完了手续真正踩到街面，为第二天黎明前最黑暗的时刻。

那是我第一次见到活生生的青天白日旗，低垂在挂着“市党部”招牌的房檐下。一时很有些恍惚，感觉自己闯入了讲述过去年代某个地下工作者宁死不屈的电影场景里。

这种不真实感，被时间一丝丝消弭在同宗同族同文化的血缘归属中。台湾作家为我们安排了丰富多彩的观光旅游项目，其中当然少不了阿里山日月潭这些经典的风光所在。

记得那天去台湾岛内第一高峰的玉山。随着公路盘旋，山势渐渐增高。随行的一位当地女作家不断向我介绍沿路风景，时不时插入“玉山可真美啊”的感叹。

玉山诚然美，我却无法附和。对于山，实在是“曾经沧海难为水”啊！十几岁时，当我还未曾见过中国五岳当中的任何一岳，爬过的山峰只限于北京近郊500米高的香山时，就在猝不及防中，被甩到了世界最宏大山系的祖籍——青藏高原，一住十几年，直到红颜老去。

青藏高原是万山之父啊，它在给予我无数磨炼的同时，也附赠一个怪毛病——对山的麻木。从此，不单五岳无法令我惊奇，就连漓江的秀美独柱，阿尔卑斯的皑皑雪岭，对不起，一概坐怀不乱。我已经在少女时代就把惊骇和称誉献给了藏北，我就无法赞美世界上除了冈底斯山、喀喇昆仑山、喜马拉雅山以外的任何一座峰峦。朋友，请原谅我心如止水。由于没有恰如其分的回应，女作家也悄了声。山势越来越高了，蜿蜒公路旁突然出现了密集的房屋和人群。也许是为了挽救刚才的索然，我夸张地显示好奇：这些人要干什么？

这回轮到当地女作家淡然了，说：卖茶。

我来了兴趣，继续问：什么茶？

女作家更淡然了，说：冻顶乌龙。

我猜疑她的淡然可能是对我的小小惩罚，很想弥补刚才对玉山的不恭，马上兴致勃勃地说：冻顶乌龙可是台湾的名产啊，前些年，大陆很有些人以能喝到台湾正宗的冻顶乌龙为时髦呢！说着，我拿出手袋，预备下车去买冻顶乌龙。

女作家看着我，叹了一口气说：就是爱喝冻顶乌龙的人，才给玉山带来了莫大的危险。她面色忧郁，目光黯淡，和刚才夸赞玉山风景时判若两人。

为什么呀？我大不解。

她拉住我的手说，拜托了，你不要去买冻顶乌龙。你喜欢台湾茶，下了山，我会送你别的品种。

冻顶乌龙为何这般神秘？我疑窦丛生。

女作家说，台湾的纬度低，通常不下雪也不结霜。玉山峰顶，由于海拔高，有时会落雪挂霜，台湾话就称其“冻顶”。乌龙本是寻常半发酵茶的一种，整个台湾都有出产，但标上了“冻顶”，就说明这茶来自高山。云雾缭绕，人迹罕至，泉水清洌，日照时短，茶品自然上乘。

冻顶乌龙可卖高价，很多农民就毁了森林改种茶苗。天然的植被遭到破坏，水土流失。茶苗需要灭虫和施肥，高山之巅的清清水源也受到了污染。人们知道这些改变对于玉山是灾难性的，但在利益和金钱的驱动下，冻顶茶园的栽培面积还是越来越大。我没有别的法子爱护玉山，只有从此拒喝冻顶乌龙。

女作家忧心忡忡的一席话，不但让我当时没有买一两茶，时到今日，我再也没有喝过一口冻顶乌龙。在茶楼，如果哪位朋友要喝这茶，我就把台湾女作家的话学给他听，他也就改换门庭了。

又一年，我到西北公差，主人设宴招待。我得知身边坐着的先生是植物学博士，赶紧讨教。说我乡下的院子里有一棵苹果树，很多年了，却从不结苹果。

苹果树的树龄多大呢？他很认真地询问。

不知道。它是被我捡回家的，因为修公路，它就被人从果园连根刨起，几乎所有的枝丫都被人锯走当了柴火。我发现它的时候，它的根系干燥得只剩下拳头大的一小窝，完全是根烧火棒的模样。我把它栽到院子里浇上水，没想到几个月后它长出了绿色旗帜一般的新叶……我说。

植物的生命力比我们所有的想象都要顽强，只要你尊重它。植物学博士说。

可是，它为什么不结苹果呢？它会记人类的仇吗？它是否需要漫长的休养生息？我问。

植物是不会记仇的，它们比人类要宽宏大量得多。按照你说的时间计算，它该恢复过来了，可以挂果了。最大的失误可能是没有授粉，你的苹果树太孤独了……植物学博士谆谆教诲。

我说，明年春天，我是向老乡讨来另一树上的花枝，向我家的苹果树示爱，还是再栽一株新的苹果树呢？侍者端上了一道新菜，报出菜名“蜜盏金菊”。

纷披的金黄色菊花瓣婀娜多姿，奶油、蜂糖和矢车菊的混合芬芳，撩动着我们的眼睫毛和鼻翼，共同化作口中的津液。

吃吧吃吧，这道菜是要趁热吃的，凉了就拔不出丝了。主人力劝，大家纷纷举筷，遂赞不绝口。活灵活现的菊花，花瓣像千手观音，厨师好手艺啊！

植物学博士面色冷峻，一口未尝。多年当医生的经验让我爱多管闲事，一看到谁有异常之举就怀疑病痛在身。菜很甜，我悄声问，您不爱吃糖？

没想到他大声回答，我不吃这道菜，并不是有糖尿病，我很健康。

我一时发窘，不知他为什么义愤填膺。植物学博士继续义正词严地宣布道，菊花瓣纤弱易脆，根本经不起烈火滚油。这些酷似菊花的花瓣，是用百合的根茎雕刻而成的。

大家说，想不到你在植物学之外，对厨艺还有这般研究，一定是常常下厨吧。

博士仍是一脸的冰霜，说，对，我是常常下厨房，请厨师们不要再用百合了，但是，没有人听我的。所以，我只有不吃百合。

餐桌上的气氛陡地肃穆起来。为什么？异口同声。

博士说，百合花非常美丽，特别是一种豹纹百合，更是花中极品，象征着安宁和谐幸福。

我失声道，难道我们今天吃的就是插在花瓶中无比灿烂的百合么？

博士道，豹纹百合和菜百合不是同一个品种，但属于一个大家庭，餐桌上吃的是百合的球茎。这几年，由于百合的食用和药用价值，人们对它的需求越来越大，越来越多的农民开始种百合。百合这种植物，是植物中的山羊。

大家实在没法把娇美的百合和攀爬的山羊统一起来，充满疑虑地看着博士。

博士说：山羊在山上走过，会啃光植被，连苔藓都不放过。所以，很多国家严格限制山羊的数量，因此羊绒在世界上才那样昂贵。百合也需生长在山坡疏松干燥的土壤里，要将其他植物锄净，周围没有大树遮挡……几年之后，土壤沙化，农民开辟新区种植百合。百合虽好，土地却飞沙走石。

那一天那一桌的那盘美妙的蜜盏菊花，只被人动了几筷子，那是在植物学博士还没有讲百合就是山羊之前，嘴馋的人先下的手。

从此，我家的花瓶里，再没有插过百合，不管是西伯利亚的铁百合还是云南的豹纹百合。在餐馆吃饭，我再也没有点过西芹夏果百合这道菜。在菜市场，我再也没有买过西北出的保鲜百合，那些洗得白白净净的百合头挤压在真空袋子里，好像一些婴儿高举的拳头，在呼喊着什么。

一个人的力量何其微小啊。我甚至不相信，这几年中，由于我的不吃不喝不买，台湾玉山阿里山上会少种一寸茶苗，西北的坡地上会少开一朵百合，会少沙化一筐黄土。

然而很多人的努力聚集起来，情况也许会有不同。我在巴黎最繁华的服装商店闲逛，见到地下室里很多皮衣在打折贱卖，价格便宜到你以为商家少写了几个零。我因惊讶而驻步，同行的朋友以为我图便宜想买，赶紧扯我离开，小声说，千万别买！在这里，穿动物皮毛是野蛮人的代名词。

努力，也许就会有不可思议的力量出现。墙倒众人推一直是个贬义词，但一堵很厚重的墙要訇然倒下，是一定要借众人之手的。

我没有向我家的苹果树摇动另外的花枝，也没有栽下另外一棵苹果树，在长久的等待之后，它无声无息地结出了几个苹果，其味巨甜。

蓝宝石刀

一次朋友聚会，来了几位新面孔。席间，有男士谈起自己新交的女友，说是一位美女。于是不但在座的男子几乎全体露出艳羡之色，就是各个年龄段的女人，也普遍显出充分的向往与好奇。

大家纷说，原以为美女都已随着古典情怀的消逝，被现代文明毒死，不想这厢还似尼斯湖怪般藏着一个。众人正感叹着美女的重新出山，突然从客厅的角落里发出了一个声音：美女是有公众标准的。不是你说她是，她就是的。恋爱的人，眼里出西施。

大家诧然复茫然，想想也有理。先别忙着赞叹，到底是不是个真美女，还有待考察商榷呢！

说这煞风景话的男子，看去细而柔的身材，平淡的五官。但并不虚弱，四肢甚至可以说是有力的。

于是有人对那位与美女交往的男子说，带着照片吗？拿出来让大伙看看嘛！一来让我们养养眼，二来也让蓝刀鉴定一下，到底算不算真美女！

我悄声问身旁的朋友，蓝刀是谁？

他指指细而不弱的小伙子说，他就是。

我说，蓝刀——好古怪的名字！江湖上的？武林高手？

朋友说，他是整形外科医学博士。因为他常用蓝宝石手术刀，所以圈内人称他蓝刀。

美女之友架不住众人的鼓动，从西服内袋掏出一张照片。姿势娴熟，想来是常常观摩的。

彩照，长跑火炬似的在众人手间传递。几位上了年纪的，还掏出了老花镜。

好不容易轮到我。姑娘确实美丽，身材相貌都属上乘，起码不逊于时下影视界的靓丽偶像。

照片最后传到蓝刀手里。不知道是巧合还是大伙等着他一锤定音，喧哗的客厅，悄无声息了。

蓝刀只看了一眼。真的，只一眼。我觉得即使从敬业的角度来说，他也该多看几眼的。后来蓝刀解释，一是将别人女友盯住不放，有失礼仪。再是对于老农来说，庄稼长势如何，一瞄足够。

蓝刀说，总体上，还不错。这是一位 17 世纪的美人形象。

大家驳道，美人也不是瓷器，还有时代限制？

蓝刀正言，时间感很重要。比如盛唐以肥为美，杨贵妃就是个双下巴。连那时的菩萨塑像，也个个超重。而17世纪的标准美人是：眼要重睑，也就是咱们平常说的双眼皮。鼻子要从侧面看是微微上翘的，万万不能是鹰钩。嘴唇不可太大，更不可太小。上嘴唇较下嘴唇稍薄，反过来就是败笔。左面的颊上有一个酒窝，要是不幸长在右面就要减分。颈部可以有褶皱，但形状一定要好，如同一圈天然的项链……

大家听到这里就大笑说，真够苛刻，难为女人了。有起哄道，蓝刀，不要光说好的。来点具有专业水准的。

那潜台词是期待蓝刀指出这女子的容貌缺陷。

蓝刀以目光征询美女男友意见。小伙子好像也很想长点知识，做出愿意洗耳恭听的模样。

蓝刀说，既然说到专业，我就再发表点意见，学术研究，没有别的意思。若是冒犯了，请多原谅。从照片来看，这位女性的相貌还有不足之处。一是从发际到下颏之间的距离，应为本人的三个耳朵的长度。以这个比例要求，似稍嫌长了一点。鼻尖、嘴唇中点和下颏点，应为一直线，此为美人非常重要的一个指标。但这位女生鼻尖稍向右偏了一点，于是面部就有了少许不平衡之感。女性好细腰，但并不是越细越好，从美学的角度来看，腰围是头围的1.618倍最好……

大家哄笑起来，说，蓝刀，闭嘴吧。照你这样算下去，人间真的没有美女了。

蓝刀也就不再就该女士发表意见。但由此引出的话题新鲜有趣，整个晚上，蓝刀成了主角。

一位桥梁工程师说，对不起，不是针对你个人。我倒是很有点看不起整容医生的。

蓝刀很沉着地问，为什么呢？

工程师说，虽然你们是医生，却没有急诊。我不是医生，可我知道，几乎所有的科，都有急诊。比如外科，那就不必说了。妇产科，小儿科……就连牙科吧，也有。比如你的腮帮子被人打漏了，你就得上口腔医院马上缝。可有谁急诊整形呢？它是富贵事，可有可无的。

蓝刀说，你说得对，整形外科没有急诊。但是，一个烧伤的病人，你不为他整容，他就无法回到正常的人群当中。你倒是用急诊把他的生命挽救回来，但他却自惭形秽，自暴自弃，再也无法挺胸做人。还有，若是他不整容走到街上，月黑风高，谁要是在胡同拐角处突然看到一个满脸焦疤的人，以为遇到了妖怪，惊恐万状，虚脱休克，人道吗？

听蓝刀这么一讲，大家就觉得整容也是社会发展到高级阶段的产物，医学百花中的一朵。

有人问：什么人适宜做整容？

蓝刀清清嗓子说，我先不回答这个问题。我想说的是——什么人不适宜做整容？

大家说，原来不是掏钱就能做，你们规矩还挺大。

蓝刀说，有八种人我是不给他做整形手术的。

第一种人，天天身上带着一面小镜子，无论何时何地都随手把小镜子拿出来，顾影自怜或是自惭形秽的人，不做。

大伙忙问，为什么？

蓝刀说，他认为人世间最重要的事就是他的容貌，自信心和尊严都系此一事。这样的人，无论手术做得怎样成功，他都会认为未能达到目的。所以，我不能自找烦恼。

第二，进我诊所时，拿着一本或几本时尚导刊，指着封面或是封底的某明星或歌星的大幅照片说，我的要求不高，就是做成他的那个鼻子加上她的那个嘴巴……

大家笑道，这是不能做。无论如何你无法使他满意。

蓝刀叹气道，我心中常常又好笑又生气，便对来者说，你以为我是谁？上帝吗？可惜，我不是。纵使我能把你修理出那规格的鼻子和嘴巴，你可有那样的才气和奋斗？

第三种不做的人是：头不梳脸不洗衣冠不整浑身散发不洁气息……

不等蓝刀说完，大家打断道，这一条，好似不合情理吧？正是因为某些人的仪表不良，他们才要求整理容貌，你怎么反而拒之门外呢？

蓝刀说，一个人的容貌可以被毁或是天生缺憾，但爱整洁是教养和习惯问题，不仅是对他人的敬重，更是对自己的珍惜。如果一个人没有这份热爱生命的感觉和精心维持，那么，我就是辛辛苦苦地帮他建设了较好的硬件，软件跟不上，还是没良效的。我尊重自己的劳动，我愿把宝贵的精力放到更善待自己的人身上。

大家默然片刻后表示可以接受。接问，其他呢？

蓝刀说，第四种，凡来人说，我本人并不想来此做什么整容手术，都是我的家人——丈夫或是男友，要我来做的……这样的人，我也概不接待。

大家说，啊，那么绝对啊？

蓝刀说，是。容貌是自己的内政，无论它怎样丑陋，只要自己接受，别人就无权干涉。如果一个人因为惧怕或是讨好，听命于另外一个人，被迫接受了在自己身上动刀动剪动针动线，那是很不情愿和凄凉的事情。我不愿成为帮凶。

大伙频频点头，表示言之成理。

蓝刀说，第五条，多次在就诊时间迟到或是无故改变约定的人，不做。

大家说，这倒有些奇怪，你又不是兵营。遵纪守时的问题，和医疗何干呢？

蓝刀说，整形手术需反复多次，其中的艰苦和磨难，超乎想象。手术程序一旦开始，又不可中断。你不能把大腿上的皮瓣做好了准备移到脸上，但本人突然不干了……所以，纪律性和承诺感不好的人，我不为他做手术。医生精力有限，我不愿在医疗以外的事情上花费太多的时间。

第六条，对同一问题，反复询问。我这次答复了，下次又问的人，我不做。

大家笑道，蓝刀，脾气够大啊。是不是求你手术的人太多了，店大欺客啊？问来问去，可能是那人记性不好，干吗不依不饶？

蓝刀说，一个人对自己高度关注的事，况且我反复讲过多遍，还记不住，这是记忆问题吗？不是。是信任问题。他不信任我，所以不厌其烦地追问，好像审讯。我虽可理解这种心情，但我不能给一个不信任我的人动手术。无论是对我还是对他，都不愉快。

大家愣了一下，没人再作声，表示尊重一名资深医生对病人的挑剔。

第七条，态度特好或是态度特不好的病患，对医生满口奉承和送礼的病患，表现得特别合作或是特别不合作的病患，概不做。蓝刀一字一顿很慢地说。

大家道，这一条，能顶好几条。情况却大不一样。态度不好的不做，明白。但态度特好的也不做，费解。

蓝刀说，他为什么特别殷勤？后面肯定有这样一个假设——如果他不送礼，我就不会尽心尽意地为他手术。他能奉承我，就也能诋毁我，不过是正反面吧。手术是一件充满概率的事情，即使我惨淡经营殚精竭虑，也不可能百战百胜。为了那个无所不在的概率，我要保留弹性。我需要有医生的安全感和世人对“万一”的理解。得给自己留一条后路。

客厅的空气一下子变得有点沉重。

该第八条了。也就是最后一条了。沉默半晌，大家提醒蓝刀。

蓝刀说，这一条，简单。凡是手术前不接受照相的人，不做。

有人打趣道，整形大夫是不是和某影楼联营了，可以提成？要不，为什么有这样古怪的要求？

蓝刀道，一个人破了相，不愿摄下自己不美的容颜，可以理解。但是，为了对比手术的效果，为了医学档案的需要，留有确切的原始记录，总结经验教训，都要保留病患术前的相貌。当然，会做好保密的。但是，有些人说什么也不接受这一合情合理的要求。没办法，既然他连面对真实情形的勇气都没有，怎能设想他和医生鼎力配合呢？所以，只有拒之门外了。

蓝刀说到这里，很有一些痛惜之意。

分手的时候，蓝刀热情地说，欢迎大家到我的诊所做客。大伙回答，蓝刀，我们会去的。不是去整形，是听你说这些有趣的话。

翡翠菩提

在南亚某国王宫，供着一块美丽的翡翠菩提叶。它晶莹剔透，翠绿欲滴，没有丝毫杂质。最为奇特的是，在这块菩提叶中，可见到清晰的脉络，丝丝缕缕渗透叶心，与真叶毫无二致。阴天时，若把它挂在御花园的树上，凭你火眼金睛，也找不到翡翠的踪影。不过别急，只要太阳一闪，你就立刻能发现它。它倾泻出的莹莹碧光，把树荫全部染绿。

翡翠菩提有一段故事。

一户贫苦山民，靠种菠萝为生。父亲对儿子莫罕说，祖上赶过马帮，到北方贩卖杂货。一次返程的时候，因为马背两边的分量不均，老祖爷就随手捡了一块石头，压在驮篓的一边。回来后，有人识货，说那石头原是一块翡翠，卖了个好价钱，祖爷才娶了祖奶，有了咱这一支人。

莫罕说，我要到北方去寻翡翠。

老父说，多少人都去找过翡翠。空手而归算好的，数不清的人死在了路上。

莫罕说，找不到翡翠，我不回来见您。

莫罕攀过无数大山，趟过无数红水河，终于找到了一座山。山主说，山洞里，可能藏有翡翠。你给我挖矿石，干得好，年底我付给你一块矿石做工钱。

莫罕说，矿石就是翡翠吗？

山主说，小伙子，那就看你的运气了。矿石被一层砂皮包着，谁也不知道里面藏的是什么。挖翡翠是要赌的。挖宝的人挤破头。不干，滚下山吧。

莫罕留下来了。矿洞窄得像个蛇窟，艰辛危险。到了年底，山主说，我说话算话，你拣一块矿石吧。

莫罕挑了一块鹅蛋大小的矿石。他本想揣着矿石回家，但若万里迢迢赶回去，把矿石一打开，里面是普通的石头，老父该多失望啊！他就留了下来，一年后又得到了一块矿石。

矿石中含有翡翠的机会，也许只有万分之一。莫罕害怕无功而返，埋头干了16年。

他决定回家。矿石装进麻袋，沉甸甸的如同金子。

山主说，你这样走远路，太不方便了吧？我帮你把矿石解开。是石头，你就扔掉。是翡翠，你就揣走。

莫罕答应了。

山主将矿石一块块解开。第一块是石头，第二块是石头，第三块还是石头……一直解了14块，满地碎石。

山主说，你手气太糟了。最后这两块矿石，算你卖给我好了。一块石头的钱，够你路上的盘缠。还有一块石头的钱，够你回家盖一间草房。

莫罕说，老爷，谢谢你的好意。但是，我只卖一块矿石。剩下的那一块，我要带回家，让我的老父看一看。

山主给了莫罕一块石头的钱，然后把莫罕退回来的那块矿石解开。随着工具的响声和砂皮的脱落，一块蓝绿如潭水的蛋形翡翠，显现在大伙面前。

莫罕在众人的惊叹和惋惜声中，头也不回地上了路。集市上，他看到一条巨大的蜥蜴，被人耍着叫卖。他说，为什么不放它回竹林?

那人说，你买了，就能把它放回竹林。如果你不愿放走它，也可以用它的肉熬汤。

莫罕看到绿色的蜥蜴眼里哀怨的神色，动了恻隐之心，把仅有的盘缠掏出来，买下了巨蜥。到了竹林，他把巨蜥放生了，自己吃野果回家。没想到巨蜥不肯远离，总是伴他身边，夜里绕他而眠，保护着他不受猛兽的袭扰。巨蜥看起来笨重，其实在丛林和山地爬行得很快，简直是草上飞。

莫罕回到家，父亲已经垂垂老矣。“爸爸，我带来一块可能是翡翠的石头，和当年我们的老祖一样。明天，当着乡亲们把它解开吧。如果是翡翠，全村的人都有一份。”莫罕说。

“孩子，你回来了。这比什么翡翠都好啊。”父亲摸着矿石说。

第二天，乡亲们预备好象脚鼓，一旦翡翠现身，就敲鼓庆贺。没想到，万事俱备，矿石却突然找不到了。于是有人说，什么矿石啊，出外鬼混了十几年，做梦吧！老父不停地解释——我看到了那块石头。可是没人信他的话。

莫罕想了很久，好像找到了答案，可是他什么也不说。

由于长年劳苦跋涉，莫罕病了。他为了弥补自己不在家时对老父的歉疚，加倍干活。他的病越来越重了。有人说，把巨蜥斩了熬汤吧，大补元气。莫罕说什么也不肯。

莫罕临死对老父说，求您一定善待巨蜥。如果它不肯走，那就等它寿终，才可把它剖开，埋在我的身边。

莫罕逝后，巨蜥不吃不喝，守候在莫罕的坟墓旁，几年以后，干瘦得如同一卷柴火，在一个夜晚悄然死去。

老父把巨蜥剖开。在它的肚腹里，看到了一块硕大的翡翠。由于体液的腐蚀，矿石砂皮已完全剥落，露出了晶莹无瑕的质地。肠胃的蠕动，把翡翠切割成了菩提叶子的吉祥形状。巨蜥最后绝食绝水，内脏干枯紧紧包裹着翡翠，镌刻下精巧的纹路，如同菩提的叶脉。

后来，国王得知了这件奇事，给了山人很多粮食和布匹，换走了莫罕老父的珍宝。

从此，寨子里的人都迁到城里了。只有一个孤独的老人，伴着一座大的坟墓和一座小的坟墓，在菠萝地里恒久地守望着。

感动是一种能力

“感动”在词典上的意思是“思想感情受外界事物的影响而激动，引得同情或向慕”。虽然我对这本词典抱有崇高的敬意，依然认为这种说法不够精准，甚至有点词不达意。难道感动如此狭窄，只能将我们引向同情或是向慕的小道吗？这对感动来说，似乎不全面、不公平吧？感动的含义比这要丰饶得多、辽阔得多、深邃得多啊。

“感动”最望文生义、最直接的解释就是感情动起来了。你的眼睛会蒸腾出温热的霞光，你的听觉会察觉远古的微响，你的内心像有一只毛茸茸的小松鼠越过，它纤细而奔跑的影子惊扰了你，思维的树叶久久还在摇曳，你的手会不由自主地出汗，好像无意中捡到了天堂的房卡，你的足弓会轻轻地弹起，似乎想如赤脚的祖先一般奔跑在高原……

感动的来源是我们的感官，眼耳鼻舌身加上触觉和压觉。如果封闭了我们的感官就戮杀了感动的根，当然也就看不到感动的芽和感动的果了。感官是一群懒惰的小精灵，同样的事物经历得多了，感官就麻痹松懈了。现代社会五光十色，瞬息万变，感官更像被塞进太多脂肪的孩子，变得厌食和疲沓。如今人渐渐丧失了感动的能力，感动闪现的时间越来越短，感动扩散的涟漪越来越淡。因为稀缺，感动变成了奢侈品。很多人无法享受感动，于是他们反过来讥讽感动，嘲笑感动，把感动和理性对立起来，将感动打入盲目和幼稚的泥沼之中。

感动是一种幸福，在物欲横流的尘垢中，顽强闪现着钻石般的瑰彩。当我们为古树下的一株小草绝不自惭形秽，而是昂首挺胸成长而感动的时刻，其实我们想到的是人的尊严。我上小学的时候，在一次考试中，得到了有生以来最差的分数。万念俱灰之时，我看到一只蜘蛛锲而不舍地在织补它残破的网。它已经失败了三次，一次是因为风，一次是因为比它凶猛百倍的鸟，第三次是因为我的恶作剧。蜘蛛把破坏者感动了，风改了道，鸟儿不再飞过，我把百无聊赖的手握成了拳。我知道自己可以如同它那样，用努力和坚忍弥补天灾人祸，重新纺出梦想。我也曾在藏北雪原仰望浩渺星空而泪流满面，一种博大的感动类似天毯，自九天而下裹挟全身。银河如此浩瀚，在我浅淡生命之前无数年代，它们就已存在，在我生命之后无数年代，它们也依然存在。那么，我的存在又有什么意义呢？在这个惶然的瞬间，我被存在而感动，决心要对得起这稍纵即逝的生命。

我喜欢常常感动的女人，不论那感动我们的起因，是一瓣花还是一滴水，是一个笑颜还是一缕白发，是一本举足轻重的证书还是只言片语的旧笺……引发感动的导火索，也许不胜枚举，可以有形，也可以是无所不在的氛围和若隐若现的天籁。感动可以有着任何颜色的羽毛，在清晨或是深夜，不打招呼就进入心灵的客厅，在那里和我们的灵魂倾谈。

珍惜我们的感动，就是珍惜了生命的零件。在感动中我们耳濡目染，不由自主地逼近那些曾经感动过我们的灵魂。也许有一天，我们也在无意间成了感动的小小源头，它淙淙地流向了另一双渴望感动的眼眸。

盲人看

每逢下学的时候，附近的那所小学，就有稠厚的人群，糊在铁门前，好似风暴前的蚁穴。那是家长等着接各自的孩童回家。

在远离人群的地方，有个人，倚着毛白杨，悄无声息地站着，从不张望校门口。直到有一个孩子飞快地跑过来，拉着他说，爸，咱们回家。他把左手交给孩子，右手拄起盲杖，一同横穿马路。

多年前，这盲人常蹲在路边，用二胡奏很哀伤的曲调。他技艺不好，琴也质劣，音符断断续续地抽噎，叫人听了只想快快远离。他面前的盛着零碎钱的破罐头盒，永远看得到锈蚀的罐底。我偶尔放一点钱进去，也是堵着耳朵近前。

后来，他摆了一个小摊子，卖点手绢袜子什么的，生意很淡。一天晚上，我回家一下公共汽车，黑寂就包抄来。原来这一片突然停电，连路灯都灭了。只有电线杆旁，一束光柱如食指捅破星天。靠拢才见是那盲人打了手电，在卖蜡烛火柴，价钱很便宜。我赶紧买了一份，喜滋滋地觉着带回光明给亲人。

之后的某个白日，我又在路旁看到盲人，就气哼哼地走过去，说，你也不能趁着停电，发这种不义之财啊！那天你卖的蜡烛，算什么货色啊？蜡烛油四下流，烫了我的手。烛捻一点也不亮，小得像个萤火虫尾巴。

他愣愣地把塌陷的眼窝对着我，半天才说，对不住，我……不知道……蜡烛的光……该有多大。萤火虫的尾巴……是多亮。那天听说停电，就赶紧批了蜡烛来卖。我只知道……黑了，难受。

我呆住了。那个漆黑的夜晚，即便烛火如豆，还是比完全的黑暗，好了不知几多。一个盲人，在为明眼人操劳，我还不分青红皂白地指责他，我好悔。

后来，我很长时间没到他的摊子买东西。确信他把我的声音忘掉之后，有一天，我买了一堆杂物，然后放下了50块钱，对盲人说，不必找了。

我抱着那些东西，走了没几步，被他叫住了。大姐，你给我的是多少钱啊？

我说，是50元。

他说，我从来没拿过这么大的票子。

见他先是平着指肚，后是立起掌根，反复摩挲钞票的正反面，我说，这钱是真的。您放心。

他笑笑说，我从来没收到过假钱。谁要是欺负一个瞎子，他的心先就瞎了。我只是不能收您这么多的钱，我是在做买卖啊。

我知道自己又一次错了。

不知他在哪里学了按摩，经济上渐渐有了起色，从乡下找了一个盲目的姑娘，成了亲。一天，我到公园去，忽然看到他们夫妻相跟着，沿着花径在走。四周湖光山色美若仙境，我想，这对他们来讲，真是一种残酷。

闪过他们身旁的时候，听到盲夫有些炫耀地问，怎么样？我领你来这儿，景色不错呗？好好看看吧。

盲妻不服气地说，好像你看过似的？

盲夫很肯定地说，我看过。常来看的。

听一个盲人连连响亮地说出“看”这个字，叫人顿生悲凉，也觉出一些滑稽。

盲妻反唇相讥道，介绍人不是说你胎里瞎吗？啥时看到这里好景色呢？

盲夫说，别人用眼看，咱可以用心看，用耳朵看，用手看，用鼻子看……加起来一点不比别人少啊。

他说着，用手捉了妻子的指，沿着粗糙的树皮攀上去，停在一片极小的叶子上，说，你看到了吗？多老的树，芽子也是嫩的。

那一瞬，我凛然一惊。世上有很多东西，看了如同未看，我们眼在神不在。记住并真正懂得的东西，必得被心房茧住啊。

后来盲夫妇有了果实，一个瞳仁亮如秋水的男孩。他渐渐长大，上了小学，盲人便天天接送。

初起那孩童躲在盲人背后，跟着杖子走。慢慢胆子壮了，绿灯一亮，就跳着要越过去。父亲总是死死拽住他，用盲杖戳着柏油说，让我再听听，近处没有车轮声，我们才可动……

终有一天，孩子对父亲讲，爸，我给你带路吧。他拉起父亲，东张西望，然后一蹦一跳地越过地上的斑马线。于是盲人第一次提起他的盲杖，跟着目光如炬的孩子，无所顾忌地前行，脚步抬得高高，轻捷如飞。

孩子越来越大了。当明眼人都不再接送这么高的孩子时，盲人依旧每天倚在校旁的杨树下，等待着。

藏獒与虎皮鹦鹉

一天，咨询室来了一位少女，相貌平平，身材中等，神情也很寡淡，没有热情，也没有强烈的拒绝或是好奇。她穿着一身浑浊的白色纯棉衣服，带着很多口袋和皱褶，让人不由得想起一块微潮的抹布，既不可能很快燃烧，也拧不出水来。

陪同她来的是她的母亲，一位富态而考究的中年妇女。当着妈妈的面，这女孩是委顿和沉默的。妈妈被留在门外之后，她坐在沙发上，脸孔始终向着窗户的方向，好像随时准备站起身来钻窗而去。

她说自己叫桑如，是被妈妈强逼着来看心理医生的。

我问她，你多大了？（其实，我手旁就放着她的登记表，那上面写着她的年龄。但我愿意请她亲口再次说出自己的岁数，这样，有利于提醒她对自己负起责任。）

我上高一，十六岁半了。桑如回答说。

我点点头，说，对于一个十六岁的人来说，是可以自己决定要不要看心理医生的。如果你非常不愿意，我觉得你可以走了。至于你母亲那里，由我来和她解释。我会说，我们要尊重一个十六岁的年轻人对自己的判断。如果她觉得自己不需要心理医生的帮助，自己完全可以解决问题，那很好。现在，如果你想离开，门在那边。

这个建议的确不是我个人的心血来潮。在美国访问的时候，美方心理医生告诉我，对于十岁以上的少年，他们都会征询来访者的意见。如果该少年强烈地拒绝接受心理医生的辅导，他们便不会强迫他们。这是很有道理的——心理医生是助人自助的工作，如果某人拒绝帮助，那么你就是有再大的热情，也是枉然。

桑如对我的回答，显得很意外，甚至有点不知所措。她反问道，这是真的吗？

我说，当然是真的了。

她愣了半天，好像对突然获得的自由很有点不习惯，站起身来，又坐下了，说，如果您真让我决定，那我就不走了。我觉得您和别的成年人不一样，居然让我自己做决定。

我笑起来，说，你指的别的成年人是谁呢？

桑如用手指点点门外，说，比如说我的爸爸妈妈啊。他们不让我做这个，不让我做那个，什么都要听他们的。连我用的卫生巾买什么牌子，都得我妈妈说了算。真是太烦了！

我深深地点点头，表示明白了她的心境。我说，谢谢你这样信任我。既然你愿意接受我的咨询，那么，咱们今天要讨论什么问题呢？

桑如说，我妈妈本来是想让我和您谈谈人际关系的事。我不愿意和别的同学交往，自己也很苦恼，我不知道如何和别人相处。可我今天不想谈这个问题，我希望你能帮我决定一下，到底养个什么宠物好。说完，桑如充满期待地看着我。

现在，轮到我稍稍忐忑了。养宠物？这对我真是一个新问题，第一个念头是——我不是兽医，怎么会知道哪种宠物好？好在我很快整理好了自己的思绪，捕捉到这个问题的核心——不在于桑如到底养一只什么样的宠物，而在于她为什么生出这个念头。

不过目前我不能走得太快，只能跟随在桑如后面。我说，好啊，我很愿意帮你出出主意。你打算养的宠物备选名单是什么？

桑如一下子变得兴致勃勃，说，我最想养的是藏獒。

我吓得差点没从沙发上跌落下来。我在西藏当过兵，见过这种凶悍无比的犬类。它们高大威猛，极端吃苦耐劳和忠于主人，为了保护羊群，甚至可以和群狼搏斗。藏獒当然是值得尊敬的，但面前这样一个清瘦女孩要把藏獒当宠物养，恐怕并不相宜。

我说，藏獒需要很大的活动场地，属于旷野。再说它们是大型犬，城里不让养的。价钱也很贵，我记得看过一篇报道，一只好的藏獒要很多钱呢。

桑如立刻说，那么，我养一只哈巴狗如何?

藏獒和京巴，在性格上实在是南辕北辙，桑如居然这么快就改弦易辙，这让我对她养宠物的初衷更纳闷。我说，你为什么又改养哈巴狗呢?

桑如说，我喜欢藏獒的忠诚，但城里不让养，我也没办法。哈巴狗对人非常友善，而且，你让它干什么，它就干什么，整天围着你的裤腿转，可会讨好人了。

原来是这样！我说，京巴倒是可以养的。只是，你会每天喂它吗?你每个星期给它洗澡吗?你愿意清扫它的狗窝、清理它的粪便吗?还有每天都要带着它到外面去撒欢，如果用行话来说，就是“遛狗”。狗还要按时打预防针，如果你的哈巴狗把你自己或是别人咬伤了，就要马上到医院注射狂犬疫苗，并且不是一次就能完成，要好几次——

桑如吓得吐了吐舌头，说，哟！这么复杂！

我说，还有更多的事情等着你。如果它病了，你要抱着它到宠物诊所看病，如果它需要手术，你要守候在它身边——

桑如听到这里，连连摆手说，天啊！这么麻烦！那我不养狗了，我改养一只猫，这就简单了吧？

我说，恐怕也不像你想的那样简单。首先，猫像狗一样，也要大小便，这样你收拾它们排泄物的工作并不能免掉。猫也要洗澡，也要到外面玩耍。它们在外面的时候，你不知道它们会捕获什么猎物，也许是虫子，也许是小鸟，这是猫的天性，你不能阻止它们，它们也许会带回来一些病菌。春天是猫繁殖的季节，它们会大声叫，如果你不想让它们叫，就要给猫做手术。而且，猫为了磨它们的爪子，一般都会撕纸，这也是它们的天性——

桑如惊叫起来说，我的作业本！我的书！如果猫不管不顾地撕坏了它们，我要重写一遍吗？天哪，我不养猫了，我养一对小鹦鹉成不成呢？

我说，当然可以啦！

桑如说，我会训练让它们说话，有它们和我做伴，我就不会寂寞了。

我心中一动，明白了症结就在这里，但此刻不是点破的好时机。顺着桑如的思路走，我说，是那种翠绿的虎皮鹦鹉吗？

桑如说，对啊。就是有绿色、蓝色、黄色羽毛的小鹦鹉，好像穿着丝绸的外套，闪闪发光。

我字斟句酌地说，鹦鹉的羽毛是需要经常打扫的，不然飘落在地上变成粉尘，很容易传播疾病。我记得有一种很著名的传染病，就叫“鹦鹉热”。另外，据我所知，这种花色绚烂的小鹦鹉并不会说话，会说话的那种叫作鹩哥。就算有个别极其聪明的小鹦鹉，你训练到它能说话了，估计也是非常简单的“你好”之类，并不如你想象的那样可以陪你聊天。就算最棒的鹩哥，能说的话也很有限，它们只是模仿，并不会动脑子——

桑如生起气来，打断我的话，说，您这也不让养，那也不让养，处处给我设障碍！

我说，桑如，我并不是不让你养宠物，我没有这个权力。只是，我认为，每一个预备养宠物的人，都要事先搞清楚宠物的脾气，知道它们的习性，觉得自己能够担当得起，再来和宠物相处。如果因为自己有很多问题解决不了，以为养了宠物就可以逃避现实，那不但是对自己不负责任，也是对宠物不负责任。毕竟，人间的问题，只能在人间解决。

桑如听了我的话，许久不作声，看得出非常沮丧。

我轻轻地问，桑如，能告诉我你为什么要养宠物吗？

就这样一句普通的问话，却让桑如哭泣起来。她说，我太孤独了。同学们都不愿意和我玩，他们说我是一个没意思的人。我不知道如何交往，就想，哼，你们不理我，我也不理你们，我要和小动物一起生活。只有它们不会嫌弃我，不会嘲笑我，会很忠于我。我让它们干什么，它们就会干什么，绝不会背后议论我……它们是多么安全可靠的朋友啊……

原来，桑如想养宠物的初衷，是为了解决自己的人际关系问题。看来，桑如母亲的判断并没有出错，只是，桑如的母亲也许不知道，女儿的怯懦无趣正是和她对桑如的过度保护有关。在母亲眼里，桑如永远是长不大的小女孩，一切都要由母亲做主。这一切，让桑如不曾学会如何同小伙伴们相处，到了青春逆反期，就越发孤独。桑如很苦恼，她要为自己寻找一个突破口，找到温暖与信任，找到安全与友爱，于是，她只有求助于宠物。

我全神贯注地倾听桑如的痛苦，听她断断续续地说被同学奚落和孤立……第一次的咨询时间很快就过去了。临走的时候，桑如怯生生地说，我下周还可以来看您吗？

我说，当然可以了。不过，这要你自觉自愿，不要妈妈陪着。

桑如破涕为笑说，当然是我自愿的。

私下里，我同桑如的妈妈谈了一次。当然，我并没有把和桑如的具体谈话内容告诉她妈妈，只是希望桑如妈妈能正视女儿已经十六岁了这个现实，该放手的时候就要大胆放手。桑如妈妈答应了。

经过若干次的咨询以后，桑如渐渐灵动起来，她开始学会和同学们友好相处，甚至还准备了一些小笑话，打算在春游的时候讲给同学们听。咨询时，她说，我先试着把笑话讲给您听听，如果您笑了，我就敢对着同学们讲了。

我认真地听完了桑如的笑话，开心地笑了。说实话，不是因为桑如的笑话有多么可笑，实在是我看到了她的成长，充满欢愉。

桑如后来说过一句让我长久不能忘怀的话，她说——人最好的宠物，其实就是自己。

银与福

在塔克拉玛干沙漠的边缘，有一座魔鬼城。它是雅丹地貌形成的沟壑，被飓风的利刃和雨水的指甲还有岁月的剪刀雕刻镂空，塑就了千奇百怪的城骸和猛兽的残肢。最近被正式辟为地质公园，引来零散游客。

有一处地貌类似“无敌舰队”，无数高大的雅丹（雅丹是维吾尔语，意即陡峭的丘陵）层岩，昂首挺胸，好像被天庭的巨鞭抽打着，中规中矩地朝着一个方向航行，虽悄无声息但一往无前。每一座舰艇都似5层楼雄伟，朋友们隐入其中玩耍照相。工作人员一个劲叮咛，万万不可走远误入深处，此地渺无人烟，距彭加木和余纯顺的遇难地只有几十公里。

我因脚踝扭伤，无法走进波涛起伏的沙砾，只有坐在一旁看着瀚海发呆。忽然背后有幽灵般的声音响起，客人，买一幅羊皮画吧，它会带给你好运。猛回头，见一老媪披着漠黄色的袍子悄然移近我，枯瘦的手爪挥舞着一卷画轴。

我吓了一跳，觉得这老太简直就像是魔鬼城的常住人口。揉眼看不远处的越野车和天上的浑黄太阳俱在，胆子才壮了一些，问，你的羊皮画上都画了些什么？

什么都有，要什么有什么。它能保佑你。老女人说着，打开了她的包袱。羊皮画卷在一起，散发令人昏昏欲睡的气味。我一幅幅展开来看，每幅有脸盘底大小，四周缀满了憔悴的草珠子，用细而韧的羊肠线编织成网状，古朴中透着不可捉摸的空灵。画上多半写着各类经文，绘着炫彩的符咒，完全看不懂。有一幅很特别，周缘挂着木制流苏，沉甸甸地拉直了菲薄的羊皮，使画上的图案像少女的面颊平展而悦目。皮画分两面，一面染作宝蓝色，一个长相如史前岩画上走下来的小人，手舞足蹈，快乐得几乎摔了跟头。另一面是不均匀的漆黑底子，仿佛百年老灶的坑灰胡乱涂抹而成，其上用某种矿物粉，描了三个歪歪斜斜的汉字——银与福。

我拿在手中，翻来掉去地看，不解，问，什么意思？

老人的目光在稀疏的睫毛下浑不见底，好似注满砂粉的小潭。说，银子，你懂吧，就是钱。它能保佑你有钱。

看看同伴们归来还早，我就同老人聊起来，说，银子是个好东西啊，在城里，有了银子就有了一切。可以有水，有大房子，有汽车……

一股沙漠上的焚风刮来，下唇顿时就崩了口子。我吐掉牙上的土沫说，还可以买到空调和游泳池……想想老人可能永远也不知道什么叫游泳，就闭了嘴。

老人在风沙中一动不动，说，银子就是银子，银子不是所有的东西。如果银子是一切，羊皮上就不会写着再送你“福”了。银子和福是两样东西，你可以有了银子，但是你没有福。福是另外的赐予。

我说，有没有这样一种可能呢？我没有银子，可是我有福。

老人好似一尊沙漠中的石像，说，行的。你没有银子，可是你能有福。

我说，不见得吧？如果真是那样，就该写着福与银了，而不是现在的顺序。

老人并不恼，说，细细看，看它的四周是什么？

我这才注意到羊皮画周边的木流苏，并非普通的纹饰，而是一把又一把的吃饭勺子。它们由树根雕成，平浅单薄，要是用来舀汤，可真要费不少功夫。

老人说，福的根是要有饭吃，要是没得饭吃，人就成了干尸。干尸你懂吧？

我不住点头。干尸，当然懂，在魔鬼城，人和干尸只有一步之遥。

老人继续说，有了吃，人就有了福底子。有银子比有福容易，有人有了银子，可是没有福。有福是最难的。你要先有了吃饭的勺子，再有了锦上添花的银子，然后，你还要去找福。银子永远不能骑在福上头。

我从老人手中买下了“银与福”的羊皮画，目送她漠黄色的袍子，消失在魔鬼城无敌舰队的旗舰之后。若不是羊皮画玄妙的气味直冲鼻根，我非得认定方才的情形是海市蜃楼。

直到今天，我还不时拿出这幅羊皮画抚摸端详。每一次，都会有金米样的沙粒掉出，又会被我精心地填回羊皮的褶皱。心中始终存有疑问，这画是谁的工笔？那老人吗？她如何会写汉字？她躲在魔鬼城，飘然而出，瞬忽而遁，就是为了向被城市腌得两眼发黑的我们，展示这古老的箴言？

第三辑

风不能把阳光打败

每只小狗都有一个目标

有一对夫妇有两个孩子，一个叫莎拉，一个叫克里斯蒂。当孩子还小的时候，父母决定为他们养一只小狗。小狗抱回来以后，他们想请一位朋友帮忙训练这只小狗。他们搂着小狗来到朋友家，安然坐下，在第一次训练前，女驯狗师问："小狗的目标是什么？"夫妻俩面面相觑，很是意外，他们实在想不出狗还有什么另外的目标，嘟囔着说："一只小狗的目标？那当然就是当一只狗了。"女驯狗师极为严肃地摇了摇头说："每只小狗都得有一个目标。"

夫妇俩商量之后，为小狗确立了一个目标——白天和孩子们一道玩，夜里要能看家。后来，小狗被成功地训练成了孩子的好朋友和家中财产的守护神。

这对夫妇就是美国的前任副总统阿尔·戈尔和他的妻子迪帕。他们牢牢地记住了这句话——做一只狗要有目标。推而广之，做一个人也要有目标。

在现实生活中，却有太多太多的人，没有目标。其实寻找目标并不是一件太难的事，关键是你要知道天下有这样一件唯此唯大的事，然后尽早来做。正是你自己需要一个目标，而不是你的父母或是你的老师或是你的上级需要它。它的存在，和别人的关系都没有和你的关系那样密切。也就是说，它将是你最亲爱的伙伴，其血肉相连的程度，绝对超过了你和你的父母，你和你的妻子儿女，你和你的同伴和领导的关系。你可能丧失了所有的财产和所有的亲人，但只要你的目标还在，你就还有一个完整的系统存在，你就并不孤独和无望。

我们常常把别人的期待当成了自己的目标，在孩童的时候，这几乎是顺理成章的事情。但是，你会渐渐地长大，无论别人的期望是怎样的美好，它也不属于你。除非有一天，你成功地在自己的心底移植了这个期望，这个期望生根发芽，长成了你的目标。那时，尽管所有的枝叶都和原本的母本一脉相承，但其实它已面目全非，它的灵魂完完全全只属于你，它被你的血脉所濡养。

我们常常把世俗的流转当成自己的目标。这一阵子崇尚钱，你就把挣钱当成了自己的目标。殊不知钱只是手段而非目标，有了钱之后，事情远远没有结束。把钱当成目标，就是把叶子当成了根。目标是终极的代名词，它悬挂在人生的瀚海之中，你向它航行，却永远不会抵达。你的快乐就在这跋涉的过程中流淌，而并非把目标攫为己有。从这个意义上说，钱不具备终极目标的资格。过一阵子流行美丽，你就把制造美丽保存美丽当成了目标。殊不知美丽的标准有所不同，美丽是可以变化的，目标却是相当恒定的。美丽之后你还要做什么？美丽会褪色，目标却永远鲜艳。

有人把快乐和幸福当成了终极目标，这也值得推敲。快乐并不只是单纯的快感，类乎饮食和繁殖的本能。科学家们通过研究，发现最长远最持久的快乐，来自你的自我价值的体现。而毫无疑问，自我价值是从属于你的目标感，一个连目标都没有的人，何谈价值呢！

一棵树的目标也许雕成大厦的栋梁，也许是撑一把绿伞送人阴凉。也许是化作无数张白纸传递知识，也许是制成一次性筷子让人大快朵颐……还有数不清的可能性，我们不是树，我们不可能穷尽也不可能明白树的心思。我们是人，我们可以为自己确立一个目标，这是做人的本分之一。

示弱的力量

如果你从不出错，这是一个悲剧。一是自己太累，二是你周围的人会视你为怪物。让自己在无伤大雅的时候出一点小差错，不会暴露出你的无能，只会彰显出你的可爱。

太多的女人是完美主义者。比如她们不能容忍自己的饭菜咸了或是淡了，因此会耿耿于怀。比如她们不能接受自己好不容易挑选的百货，在另外一家卖场，居然看到了更便宜的价签。她们力求把最小的事也完成得完美无瑕。如果有了瑕疵，就会耿耿于怀闷闷不乐，长久地沉浸在遗憾之中。小事都如此，大事你尽可想见她们是如何锱铢必较精益求精。结局是百密一疏，总有疏漏。这世上本没有十全十美之事，就算有，也未必次次都宠幸于你。于是此类女子，就无法享有片刻的彻底放松。

如果你意识到自己是一个完美主义者，如果你想改正，我教你一个小方法。那就是——卖个破绽与你。早年间，看中国的旧式小说，两军交战，常常是武艺高强的那一方，却抵挡不过武艺稍差的那一方，文中会写道：“卖个破绽与他，拍马便走……”那之后，往往有一番密谋的周旋。卖个破绽，就是明显地示弱了。

有完美主义倾向的女子，刚开始改正这个毛病的时候，其实挺痛苦的。这就好比原本可以吃三碗饭，却吃了一碗就放下筷子，心里发虚。改正缺欠，不但需要意志顽强，也需要循序渐进。在一些不甚重要的事上，先放手，容忍缺憾和不足，这也是让自己从完美主义的泥潭中拔出脚来的奠基石。

记住啊，示弱就是你破除自己完美魔咒的一个小裂口。示弱之后，你会发现，做一个不完美的人是需要勇气的，也是有乐趣的。因为，世界本来就是不完美的，我们不过是顺势而为。

行使拒绝权

拒绝是一种权利，就像生存是一种权利。古人说，有所不为才能有所为。这个“不为”，就是拒绝。人们常常以为拒绝是一种迫不得已的防卫，殊不知它更是一种主动的选择。

纵观我们的一生，选择拒绝的机会，实在比选择赞成的机会，要多得多。因为生命属于我们只有一次，要用唯一的生命成就一种事业，就需在千百条道路中寻觅仅有的花径。我们确定了“一”，就拒绝了九百九十九。拒绝如影随形，是我们一生不可拒绝的密友。

我们无时无刻不是生活在拒绝之中，它出现的频率，远较我们想象得频繁。你穿起红色的衣服，就是拒绝了红色以外所有的衣服。

你今天上午选择了读书，就是拒绝了唱歌跳舞，拒绝了参观旅游，拒绝了与朋友的聊天，拒绝了和对手的谈判……拒绝了支配这段时间的其他种种可能。

你的午餐是馒头和炒菜，你的胃就等于庄严宣布同米饭、饺子、馅饼和各式各样的煲汤绝缘。无论你怎样逼迫它也是枉然，因为它容积有限。

你选择了律师这个职业，毫无疑问就等于拒绝了建筑师的头衔。也许一个世纪以前，同一块土地还可套种，精力过人的智慧者还可多方向出击，游刃有余。随着现代社会的发展，任何一行都需从业者的全力以赴，除非你天分极高，否则兼做的最大可能性，是在两条战线功败垂成。

你认定了一个男人或是一个女人为终身伴侣，就斩钉截铁地拒绝了这世界上数以亿计的男人或女人，也许他们更坚毅更美丽，但拒绝就是取消，拒绝就是否决，拒绝使你一劳永逸，拒绝让你义无反顾，拒绝在给予你自由的同时，取缔了你更多的自由。拒绝是一条单行道，你开启了闸门，江河就奔涌而去，无法回头。

拒绝对我们如此重要，我们在拒绝中成长和奋进。如果你不会拒绝，你就无法成功地跨越生命。拒绝的实质是一种否定性的选择。

拒绝的时候，我们往往显得过于匆忙。

我们在有可能从容拒绝的日子里，胆怯而迟疑地挥霍了光阴。我们推迟拒绝，我们惧怕拒绝。我们把拒绝比作困境中的背水一战，只要有一分可能，就鸵鸟式地缩进沙砾。殊不知当我们选择拒绝的时候，更应该冷静和周全，更应有充分的时间分析利弊与后果。拒绝应该是慎重思虑之后一枚成熟的浆果，而不是强行捋下的酸葡萄。

拒绝的本质是一种丧失，它与温柔热烈的赞同相比，折射出冷峻的付出与掷地有声的清脆，更需要果决的判断和一往无前的勇气。

你拒绝了金钱，就将毕生扼守清贫。

你拒绝了享乐，就将布衣素食天涯苦旅。

你拒绝了父母，就可能成为飘零的小舟，孤悬海外。

你拒绝了师长，就可能被逐出师门，自生自灭。

你拒绝了一个强有力的男人的帮助，他可能反目为仇，在你的征程上布下道道激流险滩。

你拒绝了一个神通广大的女人的青睐，她可能笑里藏刀，在你意想不到的瞬间刺得你遍体鳞伤。

你拒绝了上司，也许象征着与一个如花似锦的前程分道扬镳。

你拒绝了机遇，它永不再回头光顾你一眼，留下终身的遗憾任你咀嚼。

拒绝不像选择那样令人心情舒畅，它森严的外衣里裹着我们始料不及的风刀霜剑。像一种后劲很大的烈酒，在漫长的夜晚，使我们头痛目眩。

于是我们本能地惧怕拒绝。我们在无数应该说“不”的场合沉默，我们在理应拒绝的时刻延宕不决。我们推迟拒绝的那一刻，梦想拒绝的冰冷体积，会随着时光的流逝逐渐缩小以至消失。

可惜这只是我们善良的愿望，真实的情境往往适得其反。我们之所以拒绝，是因为我们不得不拒绝。

不拒绝，那本该被拒绝的事物，就像菜花状的癌肿，蓬蓬勃勃地生长着，浸润着，侵袭我们的生命，一天比一天更加难以救治。

拒绝是苦，然而那是一时之苦，阵痛之后便是安宁。

不拒绝是忍，心字上面一把刀。忍是有限度的，到了忍无可忍的那一刻，贻误的是时间，收获的是更大的痛苦与麻烦。

拒绝是对一个人胆魄和心智的考验。

因为拒绝，我们将伤害一些人。这就像春风必将吹尽落红一样，有时是一种进行中的必然。如果我们始终不拒绝，我们就不会伤害别人，但是我们伤害了一个跟自己更亲密的人，那就是我们自己。

拒绝的味道，并不可口。当我们鼓起勇气拒绝以后，忧郁和惆怅伴随着我们，一种灵魂被挤压的感觉，久久挥之不去。

因为惧怕这种难以言说的感觉，我们有意无意地减少了拒绝。

在人生所有的决定里，拒绝是属于破坏而难以弥补的粉碎性行为。这一特质决定了我们在做出拒绝的时候，需要格外的镇定与慎重。

然而拒绝一旦做出，就像打破了的牛奶杯，再不会复原。它凝固在我们的脚步里，无论正确与否，都不必原地长久停留。

拒绝是没有过错的，该负责任的是我们在拒绝前做出的判断。

不必害怕拒绝，我们只需更周密的决断。

拒绝是一种删繁就简，拒绝是一种举重若轻。拒绝是一种大智若愚，拒绝是一种水落石出。

当利益像万花筒一般使你眼花缭乱之时，你会在混沌之中模糊了视线。尝试一下拒绝吧。

你依次拒绝那些自己最不喜欢的人和事，自己的真爱就像退潮时的礁岩，嶙峋地凸现出来，等待你的攀缘。

当你抱怨时间像被无数餐刀分割的蛋糕，再也找不到属于你自己的那朵奶油花时，尝试一下拒绝。

你把所有可做可不做的事拒绝掉，时间就像湿毛巾里的水，一滴一滴地拧出来了。

当你发现生活中蕴含着太多的苦恼，已经迫近一个人能够忍受的极限，情绪面临崩溃的边缘时，尝试一下拒绝吧。

你也许会发现，你以前不敢拒绝，是为了怕增添烦恼。但是恰恰相反，拒绝像一柄巨大的梳子，快速地理顺了杂乱无章的日子，使天空恢复明朗。

当你被陀螺般旋转的日子搅得耳鸣目眩，忘记了自己是从哪里来、要到哪里去的时候，尝试一下拒绝吧。

你会惊讶地发觉自己从复杂的包装中清醒，唤起久已枯萎的童心，感叹我们每一个人都是自然之子。拒绝犹如断臂，带有旧情不再的痛楚。

拒绝犹如狂飙突进，孕育天马横空的独行。

拒绝有时是一首挽歌，回荡袅袅的哀伤。

拒绝更是破釜沉舟的勇气，一种直面淋漓鲜血惨淡人生的气概。

拒绝也不可太多啊。假如什么都拒绝，就从根本上拒绝了每个人只有一次的辉煌生命。智慧地勇敢地行使拒绝权。

这是我们每个人与生俱来的权利，这是我们意志之舟劈风斩浪的白帆。

疲　倦

疲倦是现代人越来越常见的一种生存状态，在我们的周围，随便看一眼吧，有多少垂头丧气的儿童，萎靡不振的青年，疲惫已极的中年，落落寡合的老年？……人们广泛而漠然地疲倦了。很多人已见怪不怪，以为疲倦是正常的了。

有一次，我把一条旧呢裤送到街上的洗染店。师傅看了以后，说，我会尽力洗熨的。但是，你的裤子，这一回穿得太久了，恐怕膝盖前面的鼓包是没法熨平了。它疲倦了。

我吃惊地说，裤子——它居然也会疲倦？

师傅说，是啊。不但呢子会疲倦，羊绒衫也会疲倦的，所以，穿过几天之后，你要脱下晾晾它，让毛衫有一个喘气的机会。皮鞋也会疲倦的，你要几双倒换着上脚，这样才可延长皮子的寿命……

我半信半疑，心想，莫不是这老师傅太热爱他所从事的工作了，所以才这般体恤手下无生命的衣料。

又一次，我在一家先进的工厂，看到一种特别的合金，如同谄媚的叛臣，能折弯多少次，韧度不减。我说，真是天下无双了。总工程师摇摇头道，它有一个强大的对手。

我好奇地发问，谁？

总工程师说：就是它自己的疲劳。

我讶然，金属也会疲劳啊？

总工程师说，是啊。这种内伤，除了预防，无药可医。如果不在它的疲劳限度之前让它休息，那么，它会突然断裂，引发灾难。

那一瞬，我知道了疲倦的厉害。钢打铁铸的金属尚且如此，遑论肉胎凡身！

疲倦发生的时候，如同一种会流淌的暗流，在皮肤表面蔓延，使人整个地困顿和蜷缩起来。如果不加克服和调整，这种黏滞的不适，就会如寒露一般，侵袭到我们身体的底层。到那个悲惨的时候，我们就不再将这种令人不安的情况，称之为“疲倦”，我们会径直地说——我病了——我垮了。

疲倦首先是从眼睛开始的。在通常需要集中注意力的时刻，我们无奈地垂下睫毛。我们以自己的充满了血液的眼帘，充当了厚重的幕布，隔绝光线和信息无休止地介入。我们就地取材地为自己制造了一场人工的黑暗。

在那些老生常谈的会议上，在那些议而不决的争执中，在那些絮絮叨叨的繁杂中，在那些痛苦焦灼的等待中……五花八门的无聊冲击，让我们的瞳孔，首当其冲地磨损了。它无法明亮清晰地观察这个世界，便怯懦地后退了，选择了躲闪和逃避。

疲倦然后蔓延到我们的表情。疲倦的人，通常是无精打采的。在呆滞的目光之下，是苍白或是潮红的面庞。疲倦使血的流速异常地减慢或是加快，失却了内部的平衡与稳定。在应该急速反应的时候，疲倦的人延宕迟疑。在应该稳健沉着的时候，疲倦的人如同受惊的公鸡一般病态亢奋。殊不知这种竭泽而渔的抖擞，更加快了疲倦的发展。

疲倦的人，很难听到别人的声音。因为，声音是一种锐利的刺激。你丧失快速反应的同时，为了遮盖你的乏力，索性封闭了传达的通道。常常听到有人说，对不起，我把某某事忘记了。别人不解，奇怪他记忆为何如此之差。其实结论可能很简单——他疲倦了。疲倦的时候，我们的耳朵就不由自主地关拢闸门。不要埋怨他们的听觉，猜疑他们的品质，负罪的该是疲倦。

疲倦的人，通常懒言寡语。发表意见，是为了阐发观点，影响他人。此种特别的愉悦，来自为了让世界注意你的存在。你丧失了对外界的关注，也就主动取消了自己的发言权。当你不再聆听的同时，你也不再歌唱。喉舌是听命于大脑的。

大脑钝了，大脑枯竭了，大脑空白了，我们必无话可说。

当疲倦在全身泛滥的时候，我们是徒有虚名的人了。我们了无热情，心灰意懒。我们不再关注春天何时萌动，秋天何时飘零。我们迷茫地看着孩子的微笑，不知道他们为何快乐。我们不爱惜自己了，觉察不到自己的珍贵。我们不热爱他人了，因为他人是使我们厌烦的源头。我们麻木困惑，每天的太阳都是旧的。阳光已不再播撒温暖，只是射出逼人的光线。我们得过且过地敷衍着工作，因为它已不是创造性思维的动力。

疲倦是一种淡淡的腐蚀剂，当它无色无臭地积聚着，潜移默化地浸泡着我们的时候，意志的酥软就发生了。

在身体疲倦的背后，是精神率先疲倦了。我们丧失了好奇心，不再如饥似渴地求知，生活纳入灰色的模式。甚至婚姻，也会疲倦。它刻板地重复着，没有新意，没有发展。婚姻的弹性老化了，像一只很久没有充气的球，表皮皲裂，塌陷着，摔到地上，噗噗地发出充满怨恨的声音，却再不会轻盈地跳起，奔跑着向前。

疲倦到了极点的时候，人会完全感觉不到生命和生活的乐趣，所有的感官都在感受苦难，于是它们就保护性地不约而同地封闭了。我们便被闭锁在一个狭小的茧里，呼吸窘迫，四肢蜷曲，渐渐逼近窒息了。

疲倦的可怕，还在于它的传染性。一个人疲倦了，他就变成一炷迷香，在人群中持久地散布着疲倦的细微颗粒。他低落地徘徊着，拖带着整体的步伐。当我们的周围生活着一个疲倦的人，就像有一个饿着肚子的人，无声地要求着我们把自己精神的谷粒，拨一些到他的空碗中。不过，如果我们这样做了之后，才发觉不但没有使他振作起来，自身也莫名其妙地削弱了。

身体的疲倦，转而加剧着精神的苦闷。

变更太频繁了，信息太繁复了，刺激太猛烈了，扰动太浩大了，强度太凶，频率太高……即使是喜悦和财富吧，如果没有清醒的节制，铺天盖地而来，也会使我们在震惊之后深刻地疲倦了。

当疲倦发生的时候，我们怎么办呢？

当无计可施的时候，看看大自然吧。春天的花开得疲倦的时候，它们就悄然地撤离枝头，放弃了美丽，留下了小小的果实。当风疲倦的时候，它就停止了荡涤，让大地恢复平静。当海浪疲倦的时候，洋面就丝绸般地安宁了。当天空疲倦的时候，它就用月亮替换太阳……

人们应对疲倦的办法，没有自然界高明。不信，你看。当道路疲倦的时候，就塞车。当办公室疲倦的时候，就推诿和没有效率。当组织者疲倦的时候，就出现混乱和不公。当社会出现疲倦的时候，就冷漠和麻木……

疲倦对我们的伤害，需要平心静气的休养生息。让目光重新敏锐，让步伐恢复轻捷，让天性生长快乐，让手足温暖有力。耳朵能够捕捉到蜻蜓的呼吸，发梢能够感受到阳光的抚摸，微笑能如鲜橙般耀眼，眼泪能如菩提般仁慈……

疲倦是可以战胜的，法宝就是珍爱我们自己。疲倦是可以化险为夷的，战术就是宁静致远。疲倦考验着我们，折磨着我们。疲倦也锤炼着我们，升华着我们。

柔　和

“柔和”这个词，细想起来挺有意思的。先说“和”字，由禾苗和口两部分组成，那含义大概就是有了生长着的禾苗，嘴里的食物就有了保障，人就该气定神闲，和和气气了。

这个规律，在农耕社会或许是颠扑不破的。那时只要人的温饱得到解决，其他的都好说。随着社会和科技的发达进步，人的较低层次需要得到满足之后，单是手中有粮，就无法抚平激荡的灵魂了。中国有句俗话，叫作“吃饱了撑的——没事找事”。可见胃充盈了之后，就有新的问题滋生，起码无法达致完全的心平气和。

再说“柔”这个字。通常想起它的时候，好像稀泥一摊，没什么筋骨的模样。但细琢磨，上半部是“矛”，下半部是“木”——一支木头削成的矛，看来还是蛮有力度和进攻性的。柔是褒义，比如“柔韧、以柔克刚、刚柔相济、百炼钢化作绕指柔……”，都说明它和阳刚有着同样重要的美学和实践价值。

记得早年当医学生的时候，一天课上先生问道，大家想想，用酒精消毒的时候，什么浓度为好？学生齐声回答，当然是越高越好啦！先生说，错了。太高浓度的酒精，会使细菌的外壁在极短的时间内凝固，形成一道屏障，后续的酒精就再也杀不进去了，细菌在壁垒后面依然活着。最有效的浓度，是把酒精的浓度调得柔和些，润物无声地渗透进去，效果才佳。

于是我第一次明白了，柔和有时比风暴更有力量。

柔和是一种品质与风格。它不是丧失原则，而是一种更高境界的坚守，一种不曾剑拔弩张，依旧扼守尊严的艺术。柔和是内在的原则和外在的弹性充满和谐的统一，柔和是虚怀若谷的谦逊和冷暖相宜的交流。

现代人在风驰电掣的忙碌中，是多么期望自己和他人的柔和啊。不信，你看看报上的征婚广告，净是征寻性格柔和的伴侣。人们希望目光是柔和的，语调是柔和的，面庞的线条是柔和的，身体的张力是柔和的……

当我们轻轻念出“柔和”这个词的时候，你会觉得有一缕淡蓝色的温润，弥漫在唇舌之间。

有人追索柔和，以为那是速度和技巧的掌握。书刊上有不少教授柔和的小诀窍，比如怎样让嗓音柔和，手势柔和……我见过一个女孩子，为了使性情显出柔和，在手心用油笔写了大大的“慢”字，天天描一遍，掌总是蓝的。以致扬手时常吓人一跳，以为她练了邪门武功。并为自己规定每说一句话之前，在心中默数从 1 到 10……她除了让人感到木讷和喜怒无常外，与柔和不搭界。

一个人的心如若不柔和，所有对外在柔和形式的模仿和操练，都是沙上楼阁。

看看天空和海洋吧。当它们最美丽和博大，最安宁和清洁的时候，它们是柔和的。

只有成长了自己的心，才会在不经意之间，收获了柔和。

我们的声音柔和了，就更容易渗透到辽远的空间。我们的目光柔和了，就更轻灵地卷起心扉的窗纱。我们的面庞柔和了，就更流畅地传达温暖的诚意。我们的身体柔和了，就更准确地表明与人平等的信念。

柔和，是力量的内敛和高度自信的宁馨儿。愿你一定在某一个清晨，感觉出柔和像云雾一般悄然袭身。

保持惊奇

惊奇，是天性的一种流露。

生命的第一瞬就是惊奇。我们周围的世界，为什么由黑暗变得明朗？周围为什么由水变成了气？温度为什么由温暖变得清凉？外界的声音为何如此响亮？那个不断俯视我们亲吻我们的女人是谁？

……

从此我们在惊奇中成长。

这个世界上，有多少值得惊奇的事情啊。苹果为什么落地，流星为什么下雨，人为什么兵戎相见，史为什么世代更迭……

孩子大睁着纯洁的双眼，面对着未知的世界，不断地惊奇着，探索着，在惊奇中渐渐长大。

惊奇是幼稚的特权，惊奇是一张白纸。

但人是不可以总是惊奇着的。在生命的某一个时辰，你突然因为你的惊奇，遭逢尴尬与嘲笑。你惊奇地发现——惊奇在更多的时候，是稚弱的表现，是少见多怪的代名词，是一种原始蛮荒的状态。

对于我们这个崇尚见怪不怪其怪自败尊重老练成熟的民族心理中，惊奇是如胎发一般的标志。

你想成功吗？你首先须成功地把自己的惊奇掩盖起来。

我们的辞典里，印着许多诸如“处变不惊”“宠辱不惊”的词汇，使“不惊”镀着大将风度的金辉，而“惊”则屈于永久的贬义。

翻那辞典，后面更有了“惊慌失措”“大惊失色”“惊恐万分”的形容，“惊”堕落着，简直就是怯懦、退缩、畏葸的同义语了。

于是人们开始厌恶惊奇。你想做大事吗？一个必备的基本功，就是训练自己丧失惊奇。

你看到爱情远不是传说中那般纯洁，你不要惊奇。

你看到生活远没有书本上描写的那么美好，你不要惊奇。

你看到友谊根本不是故事中那般忠诚，你不要惊奇。

你看到日子绝不如想象中那般绚烂，你不要惊奇……

如果你惊奇了，你就违反了一条透明的规则，会遭到别人阳光下或是暗影里的嘲笑：这个孩子还嫩着呢。

你在一次次碰壁后省悟到：即使你对这个世界还一知半

解，你还搞不清问题的全部，但有一点你现在就能做到——那就是——埋葬你的惊奇。

你看到丑恶，假装没有看到，依旧面不改色谈笑风生，人们就会送你人情练达的评价。你听到秽闻，仿佛在那一刻患了突发性的耳聋，脸上毫无表情，人们会感觉你老于世故可以信赖。你被美丽美好美妙的景色感动，只可以默默地藏在心底，脸上切不可露出少见多怪的惊异，人们就会以为你少年老成，有大谋略大气魄，是可做将帅的优良材料。你碰到可歌可泣的人间至情，要把心肠练得硬如钻石，脸不变色心不跳。就算真搅得肝肠寸断，只可夜晚躲在无人处暗自咀嚼，切不可叫人觑了去，落得个柔情寡断的罪名……

现代社会是一只飞速旋转的风火轮，把无数信息强行灌输给我们。见多不怪，我们的心灵渐渐在震颤中麻痹，更不消说有意识地掩饰我们的惊讶，会更猛烈地加速心灵粗糙。在纷繁的灯红酒绿和人为的打磨中，我们必将极快地丧失掉惊奇的本能。

于是我们看到太多矜持的面孔。我们遭遇无数微笑后面的冷淡。我们把惊奇视作一种性格缺憾，我们以为永不惊讶才是人生的至高境界。

细细分析起来，“惊奇”是由两部分组成的，先有了“惊”，其次才是“奇”。如果说“惊”属于一种对陌生事物认识局限的愕然，“奇”则是对未知事物积极探讨的萌芽了。

否认了“惊”，就扼杀了它的同胞兄弟。我们将在无意之中，失去众多丰富自己的机遇。

假如牛顿不惊奇，他也许就把那个包裹着真理的金苹果，吃到自己的小肚子里面了。人类与伟大的万有引力相逢，也许还要迟滞很多年。

假如瓦特不惊奇，水壶盖噗噗响着，一个划时代的发现，就蒸发到厨房的空气中了。我们的蒸汽火车头，也许还要在牛车漫长的辙道里蹒跚亿万公里。

即使对普通人来说，掩盖惊奇，也易闹笑话。一位乡下朋友，第一次住进城里的宾馆。面对盥洗室里那些式样别致的洁具，他想不通人洗一个脸，何至于要如此麻烦。他不会使用这些物件，本来请教一下服务小姐，也就迎刃而解了。可是他不想暴露自己的惊奇，就用地上一个雪白的盛着半盆水的瓷器，洗了脸。后来他才知道，那是马桶。

这当然是一个极端的例子了。我之所以把它写在这里，绝无幸灾乐祸之意。现代社会令人眼花缭乱，每个人在某种意义上说，都是孤陋寡闻的。你在你的行业里是专家里手，在其他领域，完全可能是白痴。这不是羞愧的事情，坦率地流露惊奇，表示自己对这一方面的无知以及求知的探索，是一种可嘉的勇气。

我认识一位老人，一天兴致勃勃地同我探讨电脑的种种输入方法。他整整82岁了，肾脏功能已经衰竭，我坚信他这一辈子也不可能在电脑键盘上敲出一个字。他在自己的专业范畴里，是一位德高望重的长者，但对电脑的理解多有谬误，就连我这个二把刀也听出了许多破绽。但是老人家充满探索之光的惊奇的眼神，却在这一瞬像探照灯一样扫过我的灵魂。面对他青筋暴突微微颤抖的手，我想，不知我这一生可否活得这样高寿？不论我生命的历程有多长，我一定要记得这目光炯炯的惊奇，学习他对世界的这份挚爱。绝不仅仅沉浸在熟悉的航道，始终保持对辽阔海域的探索，直到我最后一次呼吸。

惊奇是一种天然，而不是制造出来的。它是真情实感的火花。一块滚圆的鹅卵石，便不再会惊讶江河的波涛。惊奇蕴含着奋进的活力。

惊奇不仅仅是幼稚，惊奇不仅仅是无知，惊奇是在它们基础上的深化和挺进。

你既然惊奇了，你就要探索这奥妙。你既然惊奇了，你就不能仅仅止于惊奇。爱好惊奇的人，也须将惊奇转化为平凡。消灭惊奇的过程，也就是学习的过程，惊奇在熟悉中淡化，才干在惊奇中成长。

世界是没有止境的，惊奇也是没有止境的。惊奇是流动的水，它使我们的思想翻滚着，散发着清新，抗拒着腐烂。

在城市里待得久了，常常使我们丧失惊奇的本能。我们蟮一样滑行着，浑身黏满市侩的黏液。

到自然中去，造化永远给我们以大惊喜。和寥廓的宇宙相比，个人的得失是怎样的微不足道啊。不要小看山水的洗涤，假如真正同天地对一次话，我们定会惊奇自己重新获得活力。

如果无法到自然中去，就同与自己没有利害关系的从小的朋友，做一次促膝的谈心。利害关系这件事，实在是交友的大敌。我不相信有永久的利益，我更珍视患难与共的友谊。长留史册的，不是锱铢必较的利益，而是肝胆相照的情分。和朋友坦诚地交往，会使我们留存着对真情的敏感，会使我们的眼睛抹去云翳，心境重新开朗，惊奇就在这清明的心境中，翩翩来临了。

假如既没有自然可以依傍，又没有朋友可以信赖，真是人生的大憾事。只有在静夜中同自己对话，回忆那些经历中最美好的片段，温习曾经使心灵震撼的镜头。它也许是很小的一朵旷野花，也许是冬天的一盏红灯笼，也许是苍茫的大漠暮色，也许是雄浑激荡的乐曲……总之那是独属于你的一份秘密，只有你才知道它对于你的惊奇的意义。古语说：学而时习之，不亦说乎。复习以往我们情感中最精彩的片段，常常会使我们整旧如新。

保持惊奇，我常常这样对自己说。它是一眼永不干涸的温泉，会有汩汩的对于世界的热爱，蒸腾而起，滋润着我们的心灵。

一毫秒的长度

辞旧迎新时，会特别尖锐地感到岁月的擦痕。小时候，喜欢时间快快流淌，刚过完这个年，就眼巴巴等着下个年了。当你什么时候不再殷殷地数日子祈盼鞭炮响起，才真正长大。

人人都知道生命是由时间组成的，珍惜时间就是珍惜生命。生活里最常见的时间标志物就是钟表了。可惜限于机械运转的规律，最初的普通钟表是以一天的一半作为单位的。你若看着钟表思索生命的长度，常感力不从心。好比用一把文具小尺去丈量喜马拉雅，用一柄水果刀雕刻南极。

秒针嘀嘀嗒嗒重复运行，错觉主宰着我们，仿佛时间取之不尽，用之不竭。要想充分领悟时间之宝贵，就需把参照物放大。

你如果想把握光年的长度，请看银河。

你如果想把握沧海桑田的长度，请看化石。

你如果想把握一生的长度，请看墓园。

你如果想把握一年的长度，请看麦田。

你如果想把握一个月的长度，请看婴孩。

你如果想把握一天的长度，请看潮起潮落。

你如果想把握一个小时的长度，请看抢救心脏。

你如果想把握一分钟的长度，请看上班族的打卡。

你如果想把握一秒钟的长度，请看神舟飞船升天。

你如果想把握一毫秒的长度，请看奥运百米争冠。

你如果想把握自己一生的长度，请珍惜眼前无数个瞬间。

每天都冒一点险

“衰老很重要的标志，就是求稳怕变。所以，你想保持年轻吗？你希望自己有活力吗？你期待着清晨能在对新生活的憧憬中醒来吗？有一个好办法啊——每天都冒一点险。”

以上这段话，见于一本国外的心理学小册子。像给某种青春大力丸做广告。本待一笑了之，但结尾的那句话吸引了我——每天都冒一点险。

“险”有灾难狠毒之意。如果把它比成一种处境一种状态，你说是现代人碰到它的时候多呢，还是古代甚至原始时代碰到它的多呢？粗粗一想，好像是古代多吧？茹毛饮血刀耕火种的，危机四伏。细一想，不一定。那时的险多属自然灾害，虽然凶残，但比较单纯。现代了，天然险这种东西，也跟热带雨林似的，快速稀少，人工险增多，险种也丰富多了。以前可能被老虎毒蛇害掉，如今是坠机车祸失业污染所伤。以前是躲避危险，现代人多了越是艰险越向前的嗜好。

住在城市里，反倒因为无险可冒而焦虑不安。一些商家，就制出“险”来售卖，明码标价。比如“蹦极”这事，实在挺惊险的，要花不少钱，算高消费了。且不是人人享用得了的，像我等体重超标，一旦那绳索不够结实，就不是冒一点险，而是从此再也用不着冒险了。

穷人的险多呢还是富人的险多呢？粗一想，肯定是穷人的险多，爬高上低烟熏火燎的，恶劣的工作多是穷人在操作，就是明证。但富人钱多了，去买险来冒，比如投资或是赌博，输了跳楼饮弹，也扩大了风险的范畴。就不好说谁的险更多一些了。看来，险可以分大小，却是不宜分穷富的。

险是不是可以分好坏呢？什么是好的冒险呢？带来客观的利益吗？对人类的发展有潜在的好处吗？坏的冒险又是什么呢？损人利己夺命天涯？

嗨！说远了。我等凡人，还是回归到普通的日常小险上来吧。

每天都冒一点险，让人不由自主地兴奋和跃跃欲试，有一种新鲜的挑战性。我给自己立下的冒险范畴是：以前没干过的事，试一试。当然了，以不犯法为前提。以前没吃过的东西尝一尝，条件是不能太贵，且非国家保护动物。（有点自作多情。不出大价钱，吃到的定是平常物。）

即有蠢蠢欲动之感。可惜因眼下在北师大读书，冒险的半径范围较有限。清晨等车时，悲哀地想到，“险”像金戒指，招摇而靡费。比如到西藏，可算是大众认可的冒险之举，走一趟，费用可观。又一想，早年我去那儿，一文没花，还给每月6元的津贴，因是女兵，还外加7角5分钱的卫生费。真是占了大便宜。

车来了。在车门下挤得东倒西歪之时，突然想起另一路公共汽车，也可转乘到校，只是我从来不曾试过这种走法，今天就冒一次险吧。于是抽身退出，放弃这路车，换了一趟新路线。七绕八拐，挤得更甚，费时更多，气喘吁吁地在差一分钟就迟到的当儿，闯进了教室。

不悔。改变让我有了口渴般的紧迫感。一路连颠带跑的，心跳增速，碰了人不停地说对不起，嘴巴也多张合了若干次。

今天的冒险任务算是完成了。变换上学的路线，是一种物美价廉的冒险方式，但我决定仅用这一次，原因是无趣。

第二天冒险生涯的尝试是在饭桌上。平常三五同学合伙吃午饭，AA制，各点一菜，盘子们汇聚一堂，其乐融融。我通常点鱼香肉丝辣子鸡丁类，被同学们讥为“全中国的乡镇干部都是这种吃法”。这天凭着巧舌如簧的菜单，要了一客“柳芽迎春”，端上来一看，是柳树叶炒鸡蛋。叶脉宽得如同观音净瓶里洒水的树枝，还叫柳芽，真够谦虚了。好在碟中绿黄杂糅，略带苦气，味道尚好。

第三天的冒险颇费思索。最后决定穿一件宝石蓝色的连衣裙去上课。要说这算什么冒险啊，也不是樱桃红或是帝王黄色，蓝色老少咸宜，有什么穿不出去的。怕的是这连衣裙有一条黑色的领带，好似起锚的水兵。衣服是朋友所送，始终不敢穿的症结正因领带。它是活扣，可以解下。为了实践冒险计划，铆足了勇气，我打着领带去远航。浑身的不自在啊，好像满街筒子的人都在端详议论。仿佛在说：这位大妈是不是有毛病啊，把礼仪小姐的职业装穿出来了？极想躲进路边公厕，一把揪下领带，然后气定神闲地走出来。为了自己的冒险计划，咬着牙坚持了下来。走进教室的时候，同学友好地喝彩，老师说，哦，毕淑敏，这是我自认识你以来，你穿的最美丽的一件衣裳。

三天过后，检点冒险生涯，感觉自己的胆子比以往炸了一点。有很多的束缚，不在他人手里，而在自己心中。别人看来微不足道的一件事，在本人，也许已构成了茧鞘般的裹挟。突破是一个过程，首先经历心智的拘禁，继之是行动的惶惑，最后是成功的喜悦。

孝心无价

我不喜欢一个苦孩求学的故事：家庭十分困难，父亲逝去，弟妹嗷嗷待哺，可他大学毕业后，还要坚持读研究生，母亲只有去卖血……

我以为那是一个自私的学子。求学的路很漫长，一生一世的事业，何必太在意几年蹉跎。况且这时间的分分秒秒都苦涩无比，需用母亲的鲜血灌溉！一个连母亲都无法挚爱的人，还能指望他会爱谁？把自己的利益放在至高无上位置的人，怎能成为为人类献身的大师？我也不喜欢父母重病在床，断然离去的游子，无论你有多少理由。地球离了谁都照样转动，不必将个人的力量夸大到不可思议的程度。在一位老人行将就木的时候，将他对人世间最后的期冀斩断，以绝望之心在寂寞中远行，那是对生命的大不敬。

我相信每一个赤诚忠厚的孩子，都曾在心底向父母许下“孝”的宏愿，相信来日方长，相信水到渠成，相信自己必有功成名就衣锦还乡的那一天，可以从容尽孝。

可惜人们忘了，忘了时间的残酷，忘了人生的短暂，忘了世上有永远无法报答的恩情，忘了生命本身有不堪一击的脆弱。

父母走了，带着对我们深深的挂念。父母走了，遗留给我们永无偿还的心情。你就永远无以言孝。

有一些事情，当我们年轻的时候，无法懂得。当我们懂得的时候，已不再年轻。世上有些东西可以弥补，有些东西永无办法弥补。

“孝”是稍纵即逝的眷恋，“孝”是无法重现的幸福。“孝”是一失足成千古恨的往事，“孝”是生命与生命交接处的链条，一旦断裂，永无连接。

赶快为你的父母尽一份孝心。也许是一处豪宅，也许是一片砖瓦。也许是大洋彼岸的一只鸿雁，也许是近在咫尺的一个口信。也许是一顶纯黑的博士帽，也许是作业簿上的一个红五分。也许是一桌山珍海味，也许是一只野果一朵小花。也许是花团锦簇的盛世华衣，也许是一双洁净的旧鞋。也许是数以万计的金钱，也许只是含着体温的一枚硬币……但“孝”的天平上，它们等值。

只是，天下的儿女们，一定要抓紧啊！趁你父母健在的光阴。

延长中年

人的寿命越来越长。原始人的化石中极少发现罹患癌症的证据，究其原因，除了那时山清水秀无污染，也有学者认为他们 30 岁左右就已夭折，根本还没来得及活到癌细胞肆虐的高龄。

日本人的平均寿命已接近 80 岁，北京的这个数字也到了 78 岁，女性的寿命还更长一些。这消息让人欣喜，“寿”是东方文化中浓重的一笔喜色。好比一座大厦，原本图纸上盖的是 60 层，古话说“人生七十古来稀”嘛！现在居然多出来了 20 层，岂能不让生命的开发商喜出望外？建筑面积一下子涨了若干平方米，可以从容安排更多的房客入住了。

人生七彩虹，由幼年、少年、青年、中年、老年等阶段组成。每个阶段都有相对应的年龄界限，比如 18 岁以前是少年，30 岁之前是青年，再往后就是中年了……现在楼房加高，各个阶段如何分配就成了新问题。联合国的法子是把青年的尺度放宽到 45 岁，这对所有不愿老不服老不承认老的人是个利好的消息。

但我心里总不踏实，一个 20 岁的青年和一个 44 岁的青年，是一代人吗？后者简直就是前者的老爸老妈了。孩子和父母同属一个年龄段，固然是美好景象，但实用起来，恐有不便。比如说开发一款面向青年人的时装，20 岁的年轻人求的是袒胸露臂靓丽凉爽，40 多岁的人就要顾忌腰背别受了风，以防跟“50 肩”提前挂了钩。

大学里，常常听到 20 多岁的学子，满面娇羞地称呼自己是“男孩子”“女孩子”，甚至见过一位 40 多岁的离婚女子，沧桑地说：“我们女孩子……”童年就像上等拉面，被抻得如此之长。

唯一没有歧义的，可能是老年了。60 岁以上是老人，120 岁也是老人。

多出来的 20 层楼如何分配？是把膨大起来的蛋糕均切到每个年龄段上，还是一股脑地塞进老年这只集装箱？

回眼检索一生。我的童年还算幸福，吃穿不愁经常受到老师的夸奖，但那时的我，没有劳动能力，太孱弱也太无知了。这虽然不是我的过错和责任，但童年的长度已达到我忍耐的极限。我至今清晰地记得当时最迫切的渴望——快快长大成人！

青年阶段。我记得那时血气方刚的味道，也怀念一目十行的好记性。体能充沛，奔跑的速度是一生中的巅峰。但我依然决定把多出来的寿命从青年阶段掠过，不再回头。那时青涩冲动，多目空一切的虚妄和浅尝辄止的窃喜。我虽绝不后悔逝去的青春，但我不期望它被延长。

老年阶段是大厦屋顶，琉璃华美反射阳光，也许它的观赏意义大于实用价值。顶楼的房间，即使附送花园也避免不了无法冬暖夏凉的缺陷。

中年阶段。这个时候的我，不再豆蔻年华人面桃花，不能无忧无虑一个人吃饱了全家不饿，负着太多的责任和期待，常常抚摸着酸硬的肩脊眺望远方，不知还有几程风雨横亘荒野。职场的砥柱中流，要承接更多风险。学术的栋梁之材，要秉烛夜读承上启下。侍奉患病的双亲，长夜漫漫，守候着岩洞滴水般的输液瓶。抚慰拼搏中的家人，要有海一样的襟怀丝绵一样的柔肠……

眼睛已经有一点花了，从昏暗的室内走到明亮的蓝天下，会有几秒钟的恍然，好像一架聚焦不灵的望远镜。额上已盘了细密的皱纹，有些是困难的思考烙印那里的，有些是长久的欢颜聚起来的。手指失去了柔软和灵活，晨起后有轻微的僵直。双腿早已没有麋鹿般的弹跳和轻盈，上下地铁通道，不能跨越两级，只能一个个台阶稳步前进……

尽管有种种的不如意，思前想后，我依旧恳请延长我的中年阶段，因为这是我最勇敢的时刻。

研究真诚

过了国庆，过了中秋节，心理学研究生班课堂，大家有一种久别重逢的亲切感，掺着节后的倦怠。

老师让大家谈谈过节的感受。冷了一会儿场，不知道大家是怎么想的，我的感觉是很突兀。我们习惯于默默无闻地过节，被人猛地一问，有些不知所措。

零星地有人举手，大概是怕老师尴尬吧。先回答的人，都说节无新意，有的简直可说在叹息——过节就是过节呗，和以往的节，没啥不同的……节很累，系上围裙炒菜，解了围裙洗衣，节是给别人过的。

老师微笑说，节是谁的——这话倒是很有点意思的，留待我们以后再详加讨论。我们还是说这个节日吧。我有些奇怪的是，大陆为什么中秋节不放假呢？在华人世界，这是一个仅次于春节的大节日啊！节日要过得风趣才有纪念。比如我认识的一家人，过节也不给小孩子买新衣服，也不吃好东西，这样的节日真是过不过的，没什么差别了。

大家就笑起来。

一笑，气氛就活跃些了，有同学小声说，过节我回家了，可是在家里待着，好像没有在同学们之间舒服。

这话很引起了一些人心底的共鸣。因为在这个班级里，充满了温暖的气氛，但外面的世界依旧沿着蒙满灰尘的轨道盘旋。于是我们成了在两个世界间游走的贝壳，冷暖自知，难以言说。

今天的正课是研究真诚。这是一个古老的话题了，但近年来受到了大挑战，真诚成了愚蠢的代名词。

我个人很喜欢“真诚”这个词，喜欢它的光明和干净。

词是有自己的光芒和属性的，比如“猥琐”一词，你一看到它，就觉得自己身上发霉糊满蟑螂。“甜蜜”这个词，则让人好似被蜂王浆噎了一嗓子，甜得憋气。真诚有一种岩石般的纹理和坚定，不风化，不水土流失，不油腻，爽洁清晰，反射着钢蓝色的金属光泽。

焦点集中在——真诚是一种方式还是一种境界？真诚有没有层次的分别？

有同学问了老师一个极富挑战性的问题——您是很真诚的，但有没有人说过您虚伪？在当代大学生里，好像流行着一种说法，真诚是一种更狡猾的虚伪。

课堂内一时很寂静。我看到老师的眸子快速向右上方移动，知道她在郑重思考。片刻之后，老师说，没有，没有人说过我虚伪。起码是当面没有人这样说。至于背后是怎样说的，我不知道。它不在我的关心范围之内。

老师启发道，一个小孩子，对一个成人说，你身上真臭啊。然后又对别人说，那个阿姨身上有一种臭味。这事真不真呢？肯定是真的，但这是一种低级水平的真诚。真诚是有讲究的。

我举手，获准后发言。我说，我喜爱真诚。我的很多朋友，也这样评价我。很多人用他们自己的视角来看世界，以为凡是真诚的人，就无法完整幸福地生活，必然会被世俗的车轮，碾得千疮百孔。即使不粉碎，也遍体鳞伤。甚至顺水推舟，演变成因为你事业成功和家庭完整，又有良好的人际关系，所以你必然是虚伪的。

我以为，真诚是一种勇敢坦诚的生活态度，它是我们思想和行动的出发点和归宿。真诚不虚张声势狐假虎威。它似乎因清澈透明而软弱无力，但它其实是强韧而富有弹性的，使我们简洁明快，干爽清正。

真诚是一门艺术，有一个执行的秩序，这就是真善美。真诚可以分解为真实和坦诚，它本身是很有力量的，起码比虚伪有力量，不怕三头六面地对证盘查，经得起推敲和考验……

但仅仅有真实，是很不够的。真实的出发点可以是完全不考虑他人的感受，不看全局，不从长远出发，单纯的真实使用不当，会具有事与愿违的杀伤力。加上了“善”这个缰绳，真就升华了。不再是本真，而有了一种更全面更伟大的品格。至于美，我觉得是怎样更精彩地表达我们的真实。一种长袖善舞，一种大象无形……

教室内一时鸦雀无声。我从这种寂静中，感到声援和赞成。

老师总结道：真诚是有层次的，可以分成建设性的和破坏性的两种。愿每个人，从此都更多更丰富地向这个并不美好的世界，贡献我们建设性的真诚。

看着别人的眼睛

很小的时候，如果我有了过失，说了谎话，又不愿承认的时候，妈妈就会说：看着我的眼睛。如果我襟怀坦荡，我就敢看着她的眼睛，否则就只有羞愧地低头。

从此，我面对别人的时候，看着他的眼睛。

当我失败的时候，看着亲人的眼睛，我无地自容。但悲伤会使我的眼睛蒙满泪水，却不会使我闭上眼睛。看着批评我的目光，我会激起正视缺点的勇气与信念。我会仔细回顾我走过的路，看看自己是怎样跌倒的，今后避开同样的危险。

当我受到表扬的时候，我也快乐地注视着别人的眼睛。我不喜欢假装谦虚把睫毛深深地垂下，一个人回到僻静处悄悄地乐。我愿意把心中的喜悦像满桶的水一样溢出来，让我的朋友们分享。在我的亲人我的朋友的眼睛里，我读出他们的快活和对我更高的希冀。表扬不但没有使我忘乎所以，反倒更使我感到肩上的担子沉重。成功好比是一座小山，一个准备走很远的路的旅人，站得高了，才会看到目的地的篝火。他会加快自己的脚步。

当我面对陌生人的时候，我会格外注视他的眼睛。眼睛是心灵的窗户已经是被说腻了的古话，可我要说眼睛不仅仅是窗户，它是心灵的家。假如陌生人的目光坦诚而友好，我会向他伸出我的手。假如陌生人的目光犹疑而彷徨，我断定他是一个没有主见的人，不能成为朋友。假如陌生人的目光躲闪而阴暗，我会退避三舍，在心里敲起警钟。假如陌生人的目光孤苦无告，我愿意提供力所能及的帮助。

当我面对熟识的人的时候，我会观察他的眼睛有没有变化。岁月会改变一个人的眼光，就像油漆的家具会变色一样。但是有些老朋友的眼光是不会变的，像最清澈的水晶，晶莹一生。但他们的眼睛会随着思绪的喜怒哀乐变幻颜色，作为朋友，我愿与他们分担。假如他们悲哀，我愿为他们宽心。假如他们喜悦，我愿与他们分享。假如他们焦虑，我愿出谋划策。假如他们忧郁，我愿陪着他们沿着静静的小河走很远很远。

当我独自一人面对镜子的时候，我严格地审视自己的眼睛。它是否还保持着童年人的纯真与善良？它是否还凝聚着少年人的敏锐与蓬勃？它在历尽沧桑以后，是否还向往人世间的真善美？面对今后岁月的风霜雨雪，它是否依旧满怀勇气与希望？

当我面对森林的时候，我注视着森林的眼睛。它就是树干上斑驳的年轮和随风摇曳的无数嫩叶。它们既苍老又年轻，流露出大自然无限的生机。

当我在月夜里面对星空的时候，我注视着宇宙的眼睛。那是苍穹无数的星辰。天是那样的幽蓝而辽阔，周围是那样的静寂而悠远。作为一个单独的人，我们是多么的渺小啊！但正是看似微不足道的人类，开始了征服宇宙的长征。在这个意义上，人类有时那样伟大而悲壮。每一个孤立的人，都像小星一样微弱，但集结起来，就可以给迷途的人指引方向，就可以在黑暗中放出光明。

我注视着滔滔的流水，浪花就是它的眼睛。生命在于运动，假如大海没有了波涛，就结束了它浩瀚博大的使命，大海就瞎了，成为死水一潭。再也不能负载舟楫远航，再也不能任海鸥翱翔，再也不能繁养无数的水族，再也不能驮着我们在海滩上嬉戏……

世界上所有的生灵都有它们的眼睛，就看你用不用心寻找，就看你有没有勇气和它对视。

当我刚刚开始学习注视别人的眼睛的时候，心中很有些不安。我觉得自己是个小小的孩童，我怎么敢看着别人的眼睛？那不是太不尊敬人了吗？我对妈妈讲了我的顾虑，她笑了，说，那你明天试着看看老师的眼睛。

第二天，在课堂上，我开始注视着老师的眼睛。好怪啊，老师好像专门给我一个人讲课似的。我的思考紧紧地跟随老师的讲解，在知识的密林里寻觅。当讲到重要的地方，我看到老师的眼睛里冒出精彩的火花，我知道自己一定要记住它。当老师的眼光像湖水一样平静的时候，我知道这只需要一般掌握。当我在读老师眼睛的时候，老师也在读我的眼睛。假如我显现出迷惘与困惑，老师就会停顿他讲解的步伐，在原地连兜几个圈子，直到我的目光重又明亮如洗。假如我调皮地向他眨眨眼睛，他会突然把讲了一半的话咽进嘴里。他知道我已心领神会，可以继续向下讲了。

我这才知道，眼睛对眼睛，是可以说话的。它们进行无声的交流，在这种通行的世界语里，容不得谎言，用不着翻译。它们比嘴巴更真实地反映着一个人隐秘的内心世界。随着年龄的增长，我明白了注视着别人的眼睛，是一种郑重，是一种尊敬，是一种信任，是一种坦诚。

当然了，这种注视不是死瞪瞪地盯着人家看，那样可真有点傻乎乎并且不文雅了。注视的目光应该是宁静而安然的，好像是我们在晴朗的天气，眺望远处的青山。

如果我听懂了他的话，我会轻轻地点头。如果我需要他详细解说，我会用目光传达出这种请求。

注视着别人的眼睛，也给自己提出了更高的要求。

当我注视着别人的眼睛说谢谢你的时候，我必须发自内心的真诚。

当我注视着别人的眼睛说对不起的时候，我必须传递由衷的歉意。

当我注视着别人的眼睛说我能把这件事做好，我一定要有下一个必胜的信心。

当我注视着别人的眼睛说请相信我，我觉得自己陡然间增长了才干和胆魄。

医学家证明，人在说谎的时候，无论他多么历练老辣，他的眼睛都会泄露他的秘密。他的瞳孔会散大，他的视线会游移，眼睑也会不由自主地下垂。

为了我们能够勇敢地注视别人的眼睛并不怕被别人所注视，让我们做一个襟怀坦荡心灵像水晶般透明的人。

流露你的真表情

学医的时候，老师问过一道题目：人和动物，在解剖上的最大区别是什么？

当学生的，争先恐后地发言，都想由自己说出那个正确的答案。这看起来并不是个很难的问题。

有人说，是站立行走。先生说，不对。大猩猩也是可以站立的。

有人说，是懂得用火。先生不悦道，我问的是生理上的区别，并不是进化上的异同。

更有同学答，是劳动创造了人。先生说，你在社会学上也许可以得满分，但请听清我的问题。

满室寂然。

先生见我们混沌不悟，自答道，记住，是表情啊。地球上没有任何一种生物，有人类这样丰富的表情肌。比如笑吧，一只再聪明的狗，也是不会笑的。人类的近亲猴子，勉强算作会笑，但只能做出龇牙咧嘴一种状态。只有人类，才可以调动面部的所有肌群，调整出不同规格的笑容，比如微笑，比如嘲笑，比如冷笑，比如狂笑，以表达自身复杂的情感。我在惊讶中记住了先生的话，以为是至理名言。

近些年来，我开始怀疑先生教了我一条谬误。

乘坐飞机，起飞之前，每次都有航空小姐为我们演示一遍空中遭遇紧急情形时，如何打开氧气面罩的操作。我乘坐飞机凡数十次，每一次都凝神细察，但从未看清过具体步骤。小姐满面笑容地屹立前舱，脸上很真诚，手上却很敷衍，好像在做一种太极功夫，点到为止，全然顾及不到这种急救措施对乘客是怎样的性命攸关。我分明看到了她们脸上悬挂的笑容和冷淡的心的分离，生起一种被愚弄的感觉。

我有一位相识许久的女友，原是个敢怒敢恨敢涕泪滂沱敢笑逐颜开的性情中人。几年不见，不知在哪里读了专为淑女规范言行的著作，同我谈话的时候，身子仄仄地欠着，双膝款款地屈着，嘴角勾勒成一个精致的角度。粗一看，你以为她时时在微笑，细一看，你就捉摸不透她的真表情，心里不禁有些毛起来。你若在背后叫她，她是不会立刻回了脸来看你，而是端端地将身体转了过来，从容地瞄着你。说是骤然地回头，会使脖子上的肌肤提前老起来。

她是那样吝啬地使用她的表情，虽然她给你一个温馨的外壳，却没有丝毫的热度溢出来。我看着她，不由得想起儿时戴的大头娃娃面具。

遇到过一位哭哭啼啼的饭店服务员，说她一切按店方的要求去办，不想却被客人责难。那客人匆忙之中丢失了公文包，要她帮助寻找。客人焦急地述说着，她耐心地倾听着，正思谋着如何帮忙，客人竟勃然大怒了，吼着说我急得火烧眉毛，你竟然还在笑！你是在嘲笑我吗？！

我那一刻绝没有笑。服务员指天咒地对我说。

看她的眼神，我相信是真话。

那么，你当时做了怎样一个表情呢？我问。恍恍惚惚探到了一点头绪。

喏，我就是这样的……她侧过脸，把那刻的表情模拟给我。

那是一个职业女性训练有素的程式化的面庞，眉梢扬着，嘴角翘着……

无论我多么同情于她，我还是要说——这是一张空洞漠然的笑脸。

服务员的脸已经被长期的工作，塑造成她自己也不能控制的形状。

表情肌不再表达人类的感情了。或者说，它们只表达一种感情，那就是微笑。

我们的生活中曾经排斥微笑，关于那个时代，我们已经做了结论。于是我们呼吁微笑，引进微笑，培育微笑，微笑就泛滥起来。荧屏上著名和不著名的男女主持人无时无刻不在微笑，以至于使人不得不疑问——我们的生活中真有那么多值得微笑的事情吗？

微笑变得越来越商业化了。他对你微笑，并不表明他的善意，微笑只是金钱的等价物。他对你微笑，并不表明他的诚恳，微笑只是恶战的前奏。他对你微笑，并不说明他想帮助你，微笑只是一种谋略。他对你微笑，并不证明他对你的友谊，微笑只是麻痹你警惕的一重帐幕……

这样的事，见得太多之后，竟对微笑的本质怀疑起来。

亿万年的进化，我们的身体本身就成了一本书。

人的眉毛为什么要如此飞扬，轻松地直抵鬓角？那是因为此刻为鏖战的间隙，我们不必紧皱眉头思考，精神霍然舒展。

人的脸上睑肌为什么要如此松弛，使眼裂缩小，眼神迷离，目光不再聚焦？那是因为面对朋友，可以放松警惕敞开心扉，懈怠自己紧张的神经，不必目光炯炯。

人的口角为什么上挑，不再抿成森然的一线？那是因为随时准备开启双唇，倾吐热情的话语，饮下甘甜的琼浆。

因为快乐和友情，从猿到人，演变出了美妙动人的微笑，这是人类无与伦比的财富。笑容像一只模型，把我们脸上的肌肉像羊群一般驯化了，让它们按照微笑的规则排列着，随时以备我们心情的调遣。

假若不是服从心情的安排，只是表情肌机械的动作，那无异噩梦中腿肚子的抽筋，除了遗留久久的酸痛，与快乐是毫无关联的。

记得小时候读过大文豪雨果的《笑面人》。一个苦孩子被施了刑法，脸被固定成狂笑的模样。他痛苦不堪，因为他的任何表情，都只能使脸上狂笑的表情更为惨烈。

无时无刻不在笑——这是一种刑法。它使“笑”——这种人类最美丽最优秀的表情，蜕化为一种酷刑。

现代自然是没有这种刑法了。但如果不表达自己的心愿，只是一味地微笑着，微笑像画皮一样黏附在我们的脸庞上，像破旧的门帘沉重地垂挂着，完全失掉了真诚善良的原始含义，那岂不是人类进化的大退步，大哀痛!

人类的表情肌，除了表达笑容，还用以表达愤怒、悲哀、思索、惆怅以至绝望。它就像天空中的七色彩虹，相辅相成。所有的表情都是完整的人生所必需的，是生命的元素。

我们既然具备了流泪本能，哀伤的时候，就听凭那些满含盐分的浊水淌出体外。血管贲张，目眦俱裂，不论是为红颜还是为功名，未必不是人生的大境界。额头没有一丝皱纹的美人，只怕血管里流动的都是冰。表情是心情的档案啊，如果永远只是一页空白的笑容，谁还愿把最重要的记录留在上面？

当然，我绝不是主张人人横眉冷对。经过漫长的隧道，我们终于笑起来了，这是一个大进步。但笑也是分阶段，也是有层次的。空洞而浅薄的笑，如同盲目的恨和无缘无故的悲哀一样，都是情感的赝品。

有一句话叫作“笑比哭好”，我常常怀疑它的确切。笑和哭都是人类的正常情绪反应，谁能说黛玉临终时的笑比哭好呢？

痛则大悲，喜则大笑，只要是从心底流出的对世界的真情感，都是生命之壁的摩崖石刻，经得起岁月风雨的推敲，值得我们久久珍爱。

你是百分之三吗

如果有一天，你说，这份工作给予我高峰体验，让我得到了很大的乐趣，更不可思议的是，还让我得到了金钱。那么，恭喜你。你把自己的兴趣和对公众的服务结合到了一起。据说，能够做到这一点的人，只占整个人口的百分之三。

不要小看了工作。工作是让我们觉得生命有意义的重要组成部分。如果你只把工作当成赚钱的工具，那么，你就丧失了人生极大的乐趣。一份喜爱的工作，让我们具体有了使命感，给了我们身份，是我们应答社会召唤的方式。我们的潜能得以在一个公众的平台上发挥，我们回报了社会，我们的内心收获了满足。

每样工作都有快乐，同理，每样工作也都有苦恼。现在的问题是——这快乐是否相宜于你？快乐也是有质量高下、持续长久之分的。有的快乐，只是好奇，当你知晓了其中的秘密，快乐就转变成了厌倦。有的快乐，却如醇酒，时间越长，你越感知到醉人的芳香。谈到苦恼，这可要认真琢磨一番。相比之下，苦恼比快乐更重要，因为这是你的底线。你是否可以接纳持之以恒的苦恼？你对苦恼的容忍程度到底怎样？你能容忍的时间是多久？你能为此做出多少改变呢？

人格对职业的影响力，远远不及兴趣。你要尽量拓展对某一行业的了解，它是什么？它做什么？它的行规是什么？这不是一项简单的功课，要知道，现在有超过两万种的职业在地球上开展。每一个行业都有行规，你如果不了解行规，贸然入行，很可能受不了。你不懂得游戏规则，游戏就会给人焦虑和压力。

行业里也有许多潜规则，你可曾知晓？我知道有一些潜规则是上不得台面的，但多少年来，它们一直在那个行业的激流之下存在着。如果你要接受这个行业，你就要了解它的全部：桌面上的和桌面下的。如果你有精神的需要，就要远离某种潜规则。你不可能一边控诉着，一边利用着，那你本人也成了潜在水面下的生物。

当你尝试着做一件充满了创造性的工作，应当更相信你无微不至的直觉，不必掺杂过多的理智。因为理智通常是通过已有的经验来做判断，但这一次，过多的理智会充当刺客。

由于工作价值与生命意义的联系陷落和崩裂，现代的人们常常伸手不见五指地迷茫。工作占去了青葱岁月豆蔻年华，投入心血，殚精竭虑。当我们不再能从工作中找到快乐和意义的时候，负面的力量会来得如此之大，决然超过了你的预期。然而工作里越是找不到幸福感，我们越是要去寻找它。这就形成了最凶险的悖论。

听过这样一句名言：世界上最幸运的人，是找到一份工，他不用工作。这话语有一点点拗口，说白了，就是你能把工作变成玩耍的一部分。在你工作的时候，完全不觉得这是被迫的事情，而是发自内心地喜爱。

工作就是爱自己、爱社会，是混合着生活素质和成就感的一杯鸡尾酒。如果你仅仅把工作变成了养家糊口的营生，那就不单对不起自己，也对不起工作。

工作是可以换的，但事业不会。事业给生涯一个方向。事业是持续的，是和人生观、价值观挂在一起的。生涯更是一个宽广的概念。这就是工作和事业的不同。如果你能把工作和事业熔炼在一起，那就是天人合一了。

所有的工作，都有它的神圣性，都有喜欢它的人存在。要力争把你的工作变成你的兴趣所在。这是一种纯美的境界。你做这件事，这件事让你快乐，让别人感到有帮助，人家还付酬金给你，你说这是不是多方共赢、皆大欢喜呢？这样的事，从天上掉下来的时候固然是有的，但肯定概率极低。所以，你要用心去寻找，以求达到幸福的高峰——有点像结婚。

保安是谁变的?

我跟保安的会面主要在小区的一出一进当中。看着那些年轻的面庞，常常想，他们以前是做什么的呢？在进入城市之前，在穿上保安的制服之前，他们是什么人呢？蝴蝶是毛虫变的，蚊子是孑孓变的，青蛙是蝌蚪变的，保安是谁变的?

和一些保安聊过天，他们都很谨慎，从不多说什么。至多只讲自己家在农村，上过或是初中或是小学，好像上过高中的不是很多。基本上是招工来的，用人单位的代表到了乡里，说有到北京干活的机会，需怎样的条件，谁愿意去？于是年轻人纷纷应征。有的是亲戚朋友介绍来的，滚雪球一般。总之，保安基本上来自农村。

一个农村的小伙子，冷不丁来到了繁华的大都市，他们的心地会发生怎样的变化呢？我没看到过针对保安的相关研究，设想一下，可能会有这样几种可能吧。

一是惊讶。高楼大厦车水马龙，不夜的霓虹灯和袒胸露臂的华衣……这些和寂静的山村简朴的民俗实在是天壤之别。人在震惊之后，是很容易滋生出渺小和自卑的心理。能以平和之心对抗陌生的繁华，是一种再造的定力，而非人的本性轻易可以到达的高度。

一天，我在西客站附近上了公共汽车，一位老者也上了车，因这周围有家医院，他佝偻着腰，几乎可以断定他有病。从他迅速扫视四周的眼神，又可以觉出他的病并不很重。走到一位看守着行李的小伙子面前，很果断地说，你站起来。那个小伙子不知何故，带着乡下人的服从和退缩，马上站了起来。老者很利落地坐在了小伙子的位置上，然后说，给老年人让座，是应该的。进了城，以后学着点。那小伙子愣愣地冷冷地站着，一言不发，让人无法猜测他的心事。

我看不过，就挤过去，对那位老人家说，他给你让座是应该的，可你也该说声谢谢啊，这也是应该的啊。说完之后，我就直勾勾地盯着他，表示自己的坚持。那位老人很不甘心，见周围也有人用目光支持着我，才很不情愿地说了声，谢……

小伙子还是冷冷愣愣地站着，毫无表情。我不知道这个小伙子以后会不会变成了保安，即使不是真正的在册的正规保安，也许会摇身一变成了黑保安，看他那漠然神情和高大的身板，这可能性还真不小。

最近北京纷纷在传“凶桥”的故事，说的是在健翔桥附近有一座过街天桥发生抢案，劫匪穷凶极恶，抢了钱还不说，临走还在血肉模糊的事主腿上再刺几刀，防着被害人爬起来追赶或是报案。公安辛苦破案，最后查出凶手原来是附近灯具店的黑保安。

又是保安！不管是黑是白，这几年，听到保安打砸抢的案子，实在是不少了，还有屡屡发生的监守自盗。“保安”那在人们心中原本趋向黯淡的形象，如今干脆抹上了血痕。

扯远了，回到刚才话题。于是在想，青年农民进了城，穿上保安的衣服，他们就真的变成了负有庄严使命的保安了吗？谁来帮助他们完成这个巨大的转变？不单是要训练他们走正步敬礼和纠察服从，更要教会敬业和尊重，忠诚和勇敢。

比如那个被迫让座的小伙子，我敢说城市给他的第一课肯定是不愉快的。凭什么我的座位要让给你？凭什么你坐了我的座连个谢谢也不说？凭什么城里人就可以指令乡下人？

我在报道中看到寻求保安杀人越货的动机时，总有一条是说这些年轻人一旦进入了城市，就会产生不平衡的心理，然后想找一条快速发财出人头地的路子。于是抢劫偷盗就成了享乐的捷径。

原来那关键是不平衡。这就是变化的第二条。是啊，退一万步讲，同样是人，为什么你降生在城市，我就在农村？

为什么你锦衣玉食我却要餐风宿露？为什么你坐享其成我却要白手起家？这一连串的问号如乌鸦盘旋在年轻的心的上空，如果没有疏导和讨论，那一时的偏颇就可能酿出滔天的惨祸。

不错，人间是有很多不平，这不平是生来俱有的，几乎是一种命定。我指出这一点，不是取消你的奋斗，而是请你的奋斗站在坚实的基础上。你不可以犯法，你不可以靠伤害他人达到自己的目的。你不可以将道德和传统只维持在一个狭小的圈子里。比如在你的小村庄，你知情达理是个好孩子，一旦到了城市的汪洋大海，你觉得什么人都不认识你了，你不必为口碑负责，你就可以空前地放肆起来。

我认识一个乡村的女孩，品行方正。到了城市不久，她就觉得当保姆挣钱太辛苦了太慢了，她要去当小姐。我说，你知道这小姐不是戏文里知书达理带着丫鬟的小姐，是有很多下流的东西在里面的。女孩说，阿姨，我都知道。可这又怎么样？就是下流了，也没有一个人认识我。我回家去，照样是一流的，起码也是个中上流吧。

我无言。淳朴的乡村以古老的方式约束之下的道德，一旦脱离了那个环境，就变得如同出土的丝绸，在一个极短暂的时间还能保持着绚烂，然而很快就褪色而灰飞烟灭了。因此，我对那些沙哑着嗓子颂扬乡村的歌唱始终心存疑虑，怕那只是理想中的眷恋，而非真正意义上的向往。

一日，我和朋友约了在街头见面，为了醒目，地点就选在了一家银行大厦的面前。随着年龄渐长，我越来越像个没出过门的老太太，凡是同人约定的事，总要早早地上路，生怕晚了。北京这地方，堵起车来，谁都没有办法，你打出多少时间的富裕，还是要迟到。若是顺利了，简直就提前到不可思议的地步。那一天，恰好是后面一种情况。我百无聊赖地流连在碧绿色的玻璃幕墙边，像个准备打劫银行的匪徒踱来踱去，这毫无疑问引来了一位年轻的保安询问。我如实禀告，他笑起来说，你和我妈有点像，她要是哪天出门，早早地就上路了，有时会提前好几个钟点就到了。

我问，你妈妈现在哪里呢？

聊天就这样开始了。他告诉我，他来自陕西的一个小村子，说他老妈以前是从来不看《新闻联播》的，因为那正是家中刷锅洗碗喂猪的时间，老妈在灶台边忙得昏天黑地。可自从儿子到北京当了保安，老妈就雷打不动地开始看新闻了。老爹说你不就着灶膛还是温乎的，把猪食熬了，还关心什么国家大事？这都是老爷们的事和你无关。老妈坐在小凳子上一动不动看着屏幕，说我不是关心国家大事，我是关心我的儿子。他在北京做保安，新闻里播北京的事多，也许我会看到儿子。老爸说，哪有那么巧？就是有了，我叫你就是，你该干什么就干什么吧。老妈说，电视上如果有了儿子的影，那也是领导坐着车，从他站岗的地方一晃就过去了，哪里等得及你叫我？还是我自己守着吧。

小伙子告诉我，他的父母就这样一直守着电视机，等着他在屏幕上以一个保安的姿态出现。他告诉过他们，自己穿上保安的衣服威风凛凛。

其实保安这一行是很无聊的，天天守着一个地方。最初的新鲜劲过去之后，再好的风景也会看腻。当以后年岁大了，不能老做保安啊，要有一技之长啊。可我的一技之长在哪里？雇你的人是不会想这些的，可你自己会想，几乎每天都在想，但光想又有什么用呢？要有行动。可我的行动目标在哪里呢？不知道。

我看到面前的小伙子眼神里露出散淡的光，完全没有焦点。正在这时，我的朋友来了，我就离开了这位年轻的保安，但他的目光却让我久久难忘。我想，这就是保安进入城市之后面临的第三个挑战了，那就是——茫然。

惊奇、不平衡和茫然，这几点变化带来的震动，其实也完全能从正面来解读。人为什么会惊奇？是因为我们离开了熟悉的环境，面临着未曾有过的机遇和多种崭新的可能性。人为什么会不平衡，因为早先的稳定被打破了，一种变化的种子已经悄然发芽。当然了，不是每一粒种子都能开花，但播下种子就比荒芜的旷野强过百倍。面对不平衡，不怨天尤人，不妄自菲薄，沉下心来，细分短长，以自身的努力来补上命运的差异。至于说到茫然，我甚至以为，适当的茫然不单是一种可以接纳的阶段，而且几乎是年轻人的特权。你有权茫然，但是不可以太久，太久的茫然就是思索的懒惰和行动的放弃。茫然的前提是要有前一步寻找的动力，你须把茫然化作一种探寻的勇敢。茫然如同糯米，只有开阔的视野和不懈的学习，才能如同适宜的温度，将茫然的酒曲发酵成醇厚的甜酒。

你很难想象在当今城市中有一位白发苍苍的保安在执行任务，保安已经从传统的打更老大爷或是高尚别墅的女管家，变成了如今朝气蓬勃的年轻人的事业。无数青涩的果子将在这个行业中缓缓成熟，发散出活力的芳香和丰收的光彩。